如何成为
一个逆商高的人

ADVERSITY

QUOTIENT

李世强 ——— 编著

Wuhan University Press
武汉大学出版社

图书在版编目（CIP）数据

如何成为一个逆商高的人 / 李世强编著 . — 武汉 : 武汉大学出版社，
2021.9

ISBN 978-7-307-22405-6

Ⅰ . 如… Ⅱ . 李… Ⅲ . 挫折教育－通俗读物 Ⅳ . G44-49

中国版本图书馆 CIP 数据核字 (2021) 第 112812号

责任编辑：姜程程 　　　责任校对：孟令玲 　　　版式设计：妖妖零

出版发行：**武汉大学出版社** （430072 武昌 珞珈山）
　　　　　（电子邮箱：cbs22@whu.edu.cn 网址：www.wdp.com.cn）
印刷：三河市京兰印务有限公司
开本：880×1230 　1/32 　 印张：7 　 字数：120千字
版次：2021 年 9 月第 1 版 　 2021 年 9 月第 1 次印刷
ISBN 978-7-307-22405-6 　 定价：39.80 元

ADVERSITY
QUOTIENT

前　言

很多人了解智商、情商，但很少有人听说过逆商，更不知逆商为何物。"逆商"的概念出现在 1997 年，由美国职业培训大师保罗·斯托茨在他的著作《逆商：变逆境为机会》中提出。"逆商"的简单解释就是化解和超越逆境的能力。人生在世，谁都想一帆风顺，但往往事与愿违，任何人都会遇到困难、挫折和逆境，不同的人在面对这些问题时有着不一样的表现。这就是逆商高低的区别。

从古至今，我们读过很多人物故事，在这些故事当中，那些成功者往往是逆商高的人；而那些失败者，也往往是由于逆商不够所致。最著名的莫过于刘邦和项羽，刘邦一生打仗失败无数，但他面对失败和逆境时没有气馁，每次都重整旗鼓，最终一统天下；而项羽天生神力，打仗更是无往不利，只在垓下输了一次，就无法接受失败，觉得无颜面见江东父老，在乌江自刎。我们不难发现，古往今来，那些迈向成功巅峰的人，并非总是顺风顺水，而是在各种逆境中不断艰难前行，一次次从逆境和失败中站起来，修炼出超高的逆商，任凭风吹雨打岿然不动，最终傲视群雄。

面对逆境，逆商不同的人会呈现出两种机制：逆商低的人，在遇到失败和逆境时，呈现出的是应付机制，会以一种消极的方式逃避现实，觉得眼不见为净，只要他看不见，逆境就不存在；而逆商高的人，则会呈现出应战机制，境况越艰难越能激发他的潜能，在强化自己的状态下迎难而上，最终从逆境中突围。

现如今，科技高速发展，社会竞争日益激烈，人们每天面对各种困难、压力和逆境，很多逆境是你无法预测的。如从去年开始肆虐全球的新冠肺炎，面对这样的困难和逆境，逆商高的人会克服种种困难，在艰难中保持乐观心态，继续前行；而逆商低的人则惶恐不安，愁眉苦脸，每日在哀怨中度过。其实，逆境不可怕，任何人这辈子都会遇到逆境，逆境不只带给人困难，更带给人机会。只要你懂得如何提高逆商，在逆境中激发自身潜能，就能战胜逆境，迎来光辉的人生。

目 录

CONTENT

ADVERSITY
QUOTIENT

ADVERSITY
QUOTIENT

∨
∨
∨

ADVERSITY
QUOTIENT

第一章

决定你成功的并非情商，而是逆商

如 何 成 为 一 个 逆 商 高 的 人

>> > 了解逆商，助你迈向人生巅峰

在心理学上有一个3Q概念，说的是IQ（智商）、EQ（情商）、AQ（逆商），心理学家们普遍认为，一个人要想获得成功，3Q缺一不可。在3Q当中，AQ比其他两个更为重要。

很多人对智商和情商比较了解，但对逆商却有些陌生。在这一节中，我们就重点讲解一下3Q的概念，以及逆商在人生中所起的重要作用。

先说IQ（智商）。智商在心理学上叫作"智力商数"，

是认识客观事物以及解决问题的能力。智商主要表现人的理性能力，反映在生活中就是通过一个人的认知能力、思维能力、语言能力、观察能力以及计算能力来对客观事物进行判断和处理。对于智商，我们在此不做太过详细的表述，相信每一位读者对它都有所了解，社会上还有很多测试智商指数的机构，由此可见大家对智商的关注。人们尤其关注孩子的智商高低，一个孩子的智商指数高，这个孩子就会被人们称为"天才"或"神童"。

再来说 EQ（情商）。情商通常指的是"情绪商数"，也是一个人的感性能力，反映在生活中就是一个人对各种感情的感受、理解、运用、表达、控制和调节的能力。它主要作用在人际关系中，一个人处理人际关系能力的高低，决定了这个人情商的高低。

一个人在应对事物和解决问题时，往往情商会走在智商前面。因为情商是非理性的、感性的。

情商主要通过五个方面来表现：自我认知、自我调节情绪的能力、自我激励、感同身受的能力以及人际关系处理能力。

近些年，蔡康永出版了好几本关于情商的书，对情商有着详细的讲述。而他本人，是一位情商极高的人。蔡康永在业界普遍被认为是"会说话""情商高"的人。但即便是被世人公认高情商的蔡康永，也随着年纪的增长对情商有着不同的理解。30岁以前，蔡康永认为情商高就是沟通时让对方觉得舒服，让对方有如沐春风的感觉。但过了30岁，蔡康永觉得，"所谓的情商高，不在于迎合别人，而在于做自己"。

沟通时一味地迎合别人，单方面地给予，若把握不好尺度，会给对方造成虚伪、讨好自己的感觉。这样不仅不会赢得对方的好感，甚至会增加对方对自己的厌恶。若能够做自己，寻找到自己内心深处的那个"自我"，就会找到让内心宁静的方法。我们不希望辜负任何人，更不希望辜负自己。

最后我们来说本书要重点讨论的——逆商。逆商在心理学上被称为"逆境商数"，主要表现为一个人面对逆境时所产生的反应，换句话说就是抵抗和战胜逆境的能力。没有人的一生是一帆风顺的，总有遇到挫折、困难、逆境、失败的时候。当遇到这些问题时，你的态度是什么，你的应对方式是什么，你会彻底消沉、一蹶不振，还是会迎难而上、屡败屡战？这些就是逆商高低所表现出的区别。

世界上那些成功的伟人，都是逆商高的人，没有在逆境和失败中站起来的能力，他们就不会登上成功的巅峰。下面，我们来看一下爱迪生的故事。

举世闻名的发明大王爱迪生 12 岁那年意外患上了严重的失聪症，几乎听不到声音。面对这个巨大的打击，爱迪生并没有感到绝望。他想，既然现在听不到外界的声音了，自己正好可以安下心来学习。于是爱迪生很快就不再被失聪这件事所困扰，开始专心致志学习。

爱迪生生活的那个年代，人们使用的都是戴维和法拉第发明的一种叫作"电弧灯"的电灯泡。这种电灯泡虽然比一般的煤油灯用起来方便，但是十分浪费材料，而且很容易坏掉，不是很耐用。爱迪生见到这种情况后，决定要发明一种耐用的光线明亮的灯泡。

为此，爱迪生在实验室里进行了无数次实验，试用了许多种材料，然而都以失败告终了。不仅如此，周围的人也开始对爱迪生冷嘲热讽起来，认为他根本是在做白日梦。不过爱迪生并未受外界因素的影响，继续做他的实验。终于，在做了超过六千多次的实验、经历了无数次的失败之后，他发现了钨丝这种材料，发明了钨丝电灯泡，为全人类的光明事业做出了巨大贡献。

爱迪生的故事向我们证明了一个哲理：失败乃成功之母，

逆商的高低决定了一个人成就的高低。没有谁的一生总是一帆风顺的，只有在跌倒后依旧能站起来，才能走向成功的彼岸。被挫折打败，向困难低头就很难成功。只有直面失败，把每一次挫折都当作挑战，在心里默默对自己说，这些失败不算什么，它们只是你成功路上的垫脚石而已，才有可能实现理想。要记住，关键时刻，能扛得住压力，不让自己一蹶不振，十分重要。

有人说，一个人的智商决定了他的命运。智商高的人，学习能力强，会容易成功。有人说，一个人的情商决定了他的命运。情商高的人，在社会上如鱼得水，所有人都喜欢他，他们更容易获得成功。

其实，相对于智商和情商，或许逆商才是一个人能否获得成功的关键因素。一个人面对逆境时的态度、展现出来的抗压力，或许会决定他的命运。即便你学习能力再强、沟通手段再高明，遇到逆境的时候，都会马有失蹄。只有在逆境中始终不屈不挠的人，才能摆脱困难，迈向人生的巅峰。

>> > 提高逆商，主动寻找有苦难的天堂

前几天去图书馆看书，偶然在一排书架上看到刘墉的一

系列作品，其中一本书的书名吸引了我——《寻找一个有苦难的天堂》。打开书，看到书的第一页上写着这样一段文字：

我们丰富地过一生，

不是因为有太大的享乐，

而是由于有许多苦难。

这些苦难在我们的挣扎下，

都过去了。

且从记忆中升华，

成为一种泰然。

看到这些话，我感触很深。记得前不久和一个朋友聊天，她已经结婚，孩子三四岁了。我们在咖啡店闲聊，感慨着现在的孩子有多难养。她向我抱怨着，说现在从坐月子开始，就要雇月嫂，而现在月嫂一个月的工资就要九千多元钱，等于她两个多月的工资。而且现在的孩子很娇贵，四个老人加上她和丈夫，每天把孩子呵护的，那真是含在嘴里怕化了，捧在手上怕摔了。

我也感慨道，我们小的时候多好养活。每天自己出门玩，都没人管。脖子上挂一把钥匙，玩累了就自己回家。

　　我还记得小学五年级的时候，刚学会骑自行车。每天回家时，都会经过一个很陡的坡。一次，当我骑车下坡时，因为技术不熟练，撞上了旁边的楼房，我被撞飞了出去，两个膝盖瞬间鲜血直流。

　　我推着车子步履蹒跚地回家，父亲正在打麻将，母亲正在做饭。一进门，看到我灰头土脸的样子，问我怎么了。我告诉他们，骑车撞在墙上摔倒了，膝盖都破了。父亲看了一眼说，没事儿，血流一会儿就不流了，用自来水冲一冲，玩去吧。

　　我那时还真听话，用水冲了冲两个膝盖，等到血不流了，就一溜烟儿跑出去找小伙伴玩了。没人把受伤当回事。现在我的膝盖上还有一小块疤，不过很浅，不明显。偶然看到这块疤时，总会想起这段往事。以前，我们懂得什么是挫折，家长和学校也会教给我们什么样的挫折和苦难是我们应该承受的。比如我骑车摔倒，没有人会安慰我，没有人会说是那堵墙的错，不是我的错。父母告诉我，这是我自己造成的，你要记得这个教训，防止下次再犯同样的错误。这样，我会一直记住这一刻，从那以后，我骑车下坡会小心翼翼，不会再次摔倒。而我也明白这其实没什么，不管在哪里摔倒，站起来就可以。实际上，艰难险阻才是人生常态。想要提高逆商，必须经历困难坎坷。

现在的小孩，别说骑车摔得流血，即便手指不小心碰到哪了，也会疼哭。一些家长就会赶快过来安慰，并拍打那个碰伤孩子的地方，嘴里埋怨着，都是它不好，怎么把我们家宝宝碰疼了。

我很是担心，像这样从小没有受过挫折，没有经历过苦难的孩子，长大步入社会后，没有人把他当中心地伺候对待，他的内心是否能够承受住这些突然的变化。而近年来青少年逐渐增长的自杀率，不正是因为抗压能力不强造成的后果吗？

我的一个朋友S，从小在别人的嘲笑声中长大。他出生在农村，学习成绩也不好。中学时，他根本没有多少心思用在学习上，日子过得浑浑噩噩，这样的生活一直延续到高三那年。有一天，两个成绩很好的同学在一起讨论着他们的未来，讨论要报考的大学，这时S也凑了过去说出自己理想中的大学。

S说的那所学校，就连班里学习成绩最好的同学都很难考上。其中一个同学给了S一个不屑的眼神，还挖苦讽刺道："人啊，还是现实点好。"S的脸一下子涨得通红，他暗自发誓，一定要考上那所大学，让他们看看他不是在做白日梦。

下定了决心，S就把自己埋进了书堆里，恶补落下的功课。奋斗了一年后，S的成绩大幅度提升，可他不甘心屈就于一所普通大学，倔强的他坚持复读了一年，考上了他理想中的那所大学。

2005年，大学毕业后S只身前往深圳寻求发展。S有一个同学初中毕业后就去了深圳学技术，当时每月已经能拿到6000多元钱的工资，同学的父亲在村里到处炫耀他儿子是全村最会挣钱的。刚到深圳，S找到的工作不太如意。于是，那个同学的父亲跑到S家里去，跟S的父母说S在深圳找不到好工作，大学生还不如初中生会挣钱，书都白读了。后来，S接到父亲饱含担忧的电话，心情十分难过，他暗下决心，一定要混出个样子来，超过那个同学。

经过3年的拼搏，S终于在一家大公司担任经理一职，收入早已超过了那个同学，并且有了自己开办公司的念头。办好了离职手续，几个同事为他送行，席间大家喝了不少酒，也对他说了不少祝福的话。

喝酒期间，S出去接了个电话，回来时却听到原来的上司在屋里大声说："你们看着吧，S看上去好像很自信，我看他是太自负了。他在这行做了多久，就想单干？就他这样的，也就是弄出个小作坊，能和我们这个老牌公司相比？从无到有创立一个公司，哪有那么容易？我也不是看不起他，他的那个公司办不办得起来还不一定，就算能办起来，能撑上几个月也算是他运气好了。"

然而S却没有受这些话的影响。他没有资金、场所、帮手，为了将公司创立起来，S不知付出了多少汗水，经历了多少挫折，找来了几个旧同事和自己一同打拼。为了打开不利的局面，S亲自跑市场，找机会。遇到严重困难时，他甚至一度怀疑自己当初的选择是不是正确的。

然而，老上司那轻蔑的言语时常回荡在他的耳畔，S告诉自己，不管怎么样，也要坚持住，哪怕就为了让那些不相信他的人看看，他有能力做成自己的事业。

凭借坚韧的意志和不懈的努力，S创办的公司慢慢走出了困境，业务量不断扩大，不断招进新人，在不到两年的时间里，公司在业界已经小有名气。

S说，他很感谢那些刺激过他的人，是他们的讽刺、打击让他不服输，无论在多难的情况下都咬牙坚持了下来。

凡是高逆商的人，莫不是能经受苦难考验的人。人如果经历过挫折的哺育、悲痛的滋养，就会知天高地厚，知道自己究竟有多大能力，从而告别碌碌无为。

古人早就意识到苦难和挫折是培养人的最好环境，孟子有"天将降大任于斯人也，必先苦其心志，劳其筋骨，饿其体肤"的名言。古诗中有"宝剑锋从磨砺出，梅花香自苦寒来"以及"庭院难养千里马，花盆难育万年松"这样的名句。

花卉靠大树庇护而生活，早晚会被无情的大风吹折。娇生惯养的人经不住艰难困苦的考验，终将成不了大器。人生中最好的大学是逆境。

生命绝不仅仅是绿叶簇拥红花的荣耀，更多的是一种苦涩。既然冬天来了，你觉得春天还会远吗？

》 〉 成年人的世界里，从来就没有"容易"二字

逆商高的人明白成年人的世界里没有"容易"这两个字。他们不会抱怨社会带来的艰辛，也不会因为困难的到来而退缩。因为他们明白，这就是社会现实，这就是生活中必须面对的事情。

前几年，刘若英执导的电影《后来的我们》里面有这样一段情节：男主角林见清花光了自己的年终奖，租了一辆小轿车，拉着一车的礼物，准备风风光光地参加同学聚会，结

果却被老同学一眼戳穿了他装大的事实并对他极尽嘲讽。好胜心极强的林见清回北京之后发愤图强，最终做出了一款备受欢迎的网红游戏，在业界一炮而红。之后更是与知名游戏公司签约，人生从此走上巅峰。

电影中的情节或许自带"杰克苏"的成分，但是这样的事例在现实生活中比比皆是。

有这样一个故事。

有一个男孩，出生在一个贫穷人家。由于家中经济条件有限，男孩没上过什么学就早早步入社会开始打工。男孩没有什么学历更没有什么技能，只能到洗车店当一名普通的洗车工。

有一次，店里来了一辆崭新的劳斯莱斯名车，男孩第一次看到这么豪华的跑车，出于好奇就忍不住坐上驾驶座摸了一把方向盘。没想到，男孩的这一举动被领班发现了，领班冲过来狠狠地打了男孩一巴掌，并冲男孩吼道："车子万一被你摸坏了怎么办？就凭你这个样子，洗一辈子的车都不可能赔得起。"领班的话深深刺痛了男孩的心，男孩从那一刻起决定要奋发图强，他下定决心终有一日要买一辆属于自己的劳斯莱斯。

这个念头在男孩的心中从未被忘记，每当他在奋斗过程中遇到困难想要放弃的时候，这个念头就变得越发强大，逐渐成为鼓舞男孩不断前进的强大动力。若干年后，男孩终于获得了成功，实现了当初购买劳斯莱斯的愿望。实际上，后来的男孩红极一时，资产更是多到令人咂舌。据说，他名下不光有劳斯莱斯这一辆座驾，还有其他四辆，共计五辆世界名车，而这些也不过是男孩名下资产的冰山一角。这个男孩就是香港曾经的头号影星周润发。

我们的出身、家庭条件是无法改变的，能够改变的只有当下以及未来。面对过去的不如意以及无可奈何，不必难过，不必忧伤，你要知道，正是因为经历过种种磨难与困苦，你才会拼了命地想要摆脱现状，去向外界证明自己的价值。

面对那些因为你的过去而打击羞辱你的人，你更应该不卑不亢，扎实地走好自己的路，凭自己的本事和能力还给他们一记响亮的耳光。在这个世界上，从来就没有谁能够轻易将你打倒，除了你自己。年轻时因为种种原因被别人踩在脚下的尊严，终归还是要靠我们自己一点一点地捡回来。

微博上曾经疯狂转载这样一张照片：暴雨突然来临，卖水果的小孩无处躲藏，只能蜷缩在小推车底下，蒙蒙的雨雾下，形单影只的她显得那么孤单。更让人扎心的是评论区里的这样一句话：人到了一定的岁数以后，自己就得是那个屋檐，再也无法找地方躲雨了。

是啊，生活在成年人的世界里，从来就没有"容易"两个字。随便在大街上问一个人，他都可能有着心酸的过往。人生在世，我们每个人都有自己的艰难和困苦，都有自己必须面对的单枪匹马的战斗，谁都逃避不了。一个人如果经历多了，坚强惯了，就会逐渐明白，只有自己才是自己最大的依靠。

只能靠自己，听来诚然心酸，却是无可奈何的事实。这世上有很多我们无法改变的事实，只能自己经历，别人无法代劳。即使逃过这一次，或许会有更大的磨难在前方等着你。就像唐僧在西天取经的途中，他看似最软弱、最不会保护自己，却是意志最坚定的那一个，即便历经九九八十一难，始终没有改变求得真经的初心与目标。然而事实也告诉他，历经磨难之后收获到的，不光是真经本身，还有流传千古的传奇人生。

你看，曾经你所经历的一切磨难、一切不愉快的回忆，只要利用得当，最终都将变成你的跳板。过去的失败也罢、落魄也好，都已经是过去的事情。只要保持努力，不断学习进步，相信自己，最终一定能够拥有更加美好的未来。

人生就像向上攀岩，如果一味地靠别人帮忙，最终的结果很有可能是连同帮助我们的人一同坠落。只有对自己决绝一点，把经历的磨难当成过往的经历，有用的放进行囊，没用的就地丢弃，人生才能走得更远，走得更快。这世上从来没有谁的生活永远顺风顺水，家家有本难念的经，我们每个人都有自己的烦恼和难以忘怀的痛苦经历。而旁人所能给的帮助也只是杯水车薪，不论什么时候，真正能够将你从深渊里拉上来的，只有你自己。

》 〉 成功没有捷径，谁不是在逆境中前行

"顺"与"逆"是一对反义词。顺时，好运气总是伴随自己，生活惬意，内心舒坦；逆时，坏运气总是不期而遇，生活乏味，内心烦躁。每个人都希望自己过得顺顺当当，但生命的航程怎能总是一帆风顺？命运之神常会捉弄世人，会在不经意间改变某个人或某些人的命运。在这个过程中，他或他们要经历种种逆境，有些人无法挺过逆境，最终走向失败。

有个年轻人，在大学时期就表现出超出常人的经商头脑，

经常在学校附近做一些小生意，养活自己不说，还可以赚到学费。当时他的一位老师大胆地预言，这个年轻人很有可能会成为一位出色的企业家。后来毕业多年，这个年轻人都没有什么作为，倒是他的那些不被看好的同学慢慢地有了一点建树。

在一次同学聚会上别人听说了他的情况：大学毕业以后，他被一家大型企业录用，做了一名办公室文员，整天日子过得很舒服，很少像其他人一样忙里忙外。后来，赶上企业改制，他被列入"停薪留职"名单，这才如梦初醒，开始规划自己的事业。他先后开过服装店、烧烤店等，但都赔得血本无归，还欠下了一大笔债，后来不得不到一家小公司打工度日。

这个年轻人的失败说明了一点：失败不是因为某种坏习惯、某种资质与能力的低下，而是他没有职业规划，没有在职场环境中经过各种磨难的阻抗训练。

一个人在成功之前，在人生的哪个阶段错过了这门训练课，就要在某个阶段补回来，否则，他根本没有办法前进。

只有依靠个人奋斗才能争取到真正的荣耀，没有任何一种成绩的取得是不经过个人努力的。正如天下没有免费的午餐，在工作、生活、学习中，容易走的往往是下坡路。只有熬得住大风大浪，冲破重重险阻的人，才能收获最后的成功。

酷暑难耐的下午，一位西装革履的青年拿着两盒领带疲惫地走在售卖西服的大街上，他整整奔波了一天，进过无数家店铺，但依旧没有卖出一条领带。

他汗流浃背地又进入一家店铺时，那位西服店的老板正在服务一位客人。店铺老板最怕服务客人时遇到上门的推销员，因此看到他拿着领带进来后，还没等他开口，就大声呵斥着让他出去。他一边赔礼道歉一边退出门外。店门关上的一刹那，一股酸楚涌上心头，他强忍着没有让眼泪掉下来。

这种事情他遇到很多，这不是第一次，也绝不会是最后一次。调整好心态后，他继续面露微笑，向下一家店铺走去。正是这份在逆境中锲而不舍的精神，让他扛过了最艰难的时期，并最终走向成功。他就是全球知名的领带大亨——"金利来"集团主席曾宪梓。

社会学家调查发现，每一个成功的人身上都具有一种不怕失败、不屈不挠、顽强拼搏的精神，他们在最艰难的时候不灰心丧气，并不断地从失败中认真总结教训，迎难而上，化耻辱为动力，从而增加了成功的机会。

光靠勤奋，不一定能完成一项很棒的工作，因为你不是天才。实际上却不是这样。因为天才也需要后天的努力。化学元素周期表的发明者门捷列夫说："终生努力，便成天才。"文学家高尔基也明确指出："天才就是勤奋。人的天赋就像火花，它可以熄灭，也可以燃烧起来，而逼它燃烧成熊熊大火的方法只有一个，就是勤奋、勤奋、再勤奋。"

成功没有捷径可循。我们不能因聪明而自恃，想成功就要经过漫长的积累。著名女企业家玫琳·凯说过："我们必须全力以赴才能赢，不能有所保留。有些人失败，是因为他们没有全力以赴，而不是由于能力不强或不聪明、机会不够等原因。当你期待成功时，不妨倾己所能，全力以赴。要相信自己能做到。自信绝对能带领你走上成功之路。""做出最大的努力。不要畏缩不前，使出自己全部的力量，不要担心把精力用尽。成功者总是做出极大的努力，而面对危机时，他们会付出更大的努力。他们不会去考虑什么疲劳和筋疲力尽。"

一分耕耘一分收获，想成功就一定要付出。人生就像那些梅花，经过寒冷的磨炼，才能绽放美丽的花朵，"梅花香自苦寒来"就是这个道理。

>> > 逆商高的人，对生活永远充满热情

逆商高的基础，在于一个人对生活充满热爱。当热情退却、志向不在，坏情绪一下子涌过来时，人们常常会变得消沉、焦虑、烦躁、得过且过。这个时候，不要丢弃你的热情，时刻叮嘱自己，活着就要充满力量，千万不要浑浑噩噩混日子，也不要沉醉于往昔的成就。热情会让你充满朝气，让你更讨人欢喜，让你活得更加芬芳。

我表妹汪晨是一个很有才气的女孩，但她的性格内敛，不愿轻易表露自己的内心，尽管她对每个人都心存善意，但一般不会表现出特别的热情。在一家广告公司工作一段时间之后，她就发现自己远没有另外一个女孩雯雯受欢迎。雯雯在业务方面远不如自己，却早她一步被提升为副主管。对于这一点，表妹汪晨有一肚子的疑惑，后来她找我帮忙，希望我能够帮她解开谜团。

我问表妹，雯雯有什么特别的地方？她想了想，说："她也没什么特别的，就是在公司的时候，无论遇到谁，她都热情地打招呼。虽然我对她升职不服气，但有件事还是挺感谢她的。我记得我刚到公司的第一天，因为性格内向，又没有

认识的人，所以很多事情我都不知道该怎么办。而其他同事都在忙自己的事情，没有人过来告诉我应该做什么。过了一会儿，雯雯过来了，问我：'感觉怎么样，工作还顺利吗？如果遇到什么问题，可以来问我。你中午准备怎么解决午饭，如果没有带饭的话，可以和我一起去食堂吃。'"表妹接着说，"那一刻，我充满感激，觉得她是一个大好人。不过，公司怎么说都是靠业绩说话的地方，不能仅凭她热情，就升她的职吧！"

我听完表妹的讲述后，笑着说道："晨晨啊，其实副主管这个职位，和单纯的业务员、策划专员不一样，在这个职位上的人，要能够协调好公司内部人员之间的关系，创造一种和谐、温馨的氛围，这样才能让大家更好地做事，而这个雯雯，确实很适合这个职位。"

表妹意识到了自己观念的错误，她开始有意识地改变自己内向的性格，学着打开自己的心扉，热情地对待身边的每一个人，学着照顾别人，慢慢地，人缘也越来越好了，她的心情也越来越愉悦。

不论在生活中还是职场中，一个热情待人的人和一个冷漠沉闷的人，你会喜欢哪一个？相信大家很容易就会和热情的人打成一片，这种力量能给人带来好的氛围，能让大家之间的距离变得更近，相处起来也觉得更快乐。我们应该带着热情出发，让身边多一点快乐。

另外，热情不仅是人们行动的动力，也是速度和效率的制造者。我们很少看到一个热情的人行动迟缓，做事拖拉。相反，充满热情的人大多是步履如飞，行动敏捷，很有效率的。速度和效率在个人成功中是很重要的因素。

热情同样是提高逆商的关键。一个人在生活中如果失去了热情，那生活的意义又何在，人生也将渐渐失去目标。那样，就不叫生活了，那只能叫生存。有热情的人通常积极向上，给人以朝气蓬勃、激情盎然之感，即便遇到什么逆境，他们也会因为对生活充满热情而积极地解决困难。

假如你是个充满热情的人，即使你身处茫茫无边的沙漠，也会与漫天黄沙交朋友；倘若你缺乏热情，沙漠中的绿洲也不足以让你欣喜。生活，或幸福或苦恼，不在于他物，在于你的本心及态度。

ADVERSITY

QUOTIENT

第二章
逆商高的人不喜欢抱怨

如 何 成 为 一 个 逆 商 高 的 人

>> > 逆商高就是停止抱怨，化逆境为力量

人生在世如同行驶于无边大海上的一叶扁舟，旅途中有日出日落的壮阔美景，有气势雄伟的潮涨潮落，但更多的是暗藏玄机的惊涛骇浪，以及变幻莫测的环境，这就要求我们在掌好舵的同时，还要以理智的心态面对困难，培养自己战胜折磨与苦难的毅力与能力，只有这样才能绕过重重险阻，乘风破浪，一往无前。换言之就是在逆境中历练自己，把磨难转化成前进的助跑器，把绊脚石踩成向上

的垫脚石。

如果我们没有正确地面对逆境，而是一味地逃避妥协，成功就会和我们擦肩而过。

一个酒店管理专业的学生毕业后通过面试进入了当地一家豪华的五星级酒店，他每天的工作就是服务来来往往的客人。在他看来这份工作琐碎枯燥，还要看客人的脸色，更让他难以理解的是经理苛刻至极的无理要求。

他不能理解为什么每天上班前都要开例会，明明有时候没有事情可讲。

他搞不懂为什么每次为客人冲咖啡前，要先用热水事先温一下杯子——尽管他不止一次被告知温杯才能保证咖啡的高品质。

他不明白为什么看起来优雅干净的餐厅，还要不停地做清洁。

他觉得为客人撤换烟灰缸时在上面盖一张纸，是一件画蛇添足的事，他并不觉得扬起点烟灰是不能令人接受的事。

他对很多事情都无法理解，觉得不合理。因此，他常按自己的想法做事，无视酒店的服务标准规定。在他被多次发现不按标准做事及被客人投诉后，终于有一天被经理叫到办公室，经理告诉他："我们是五星级酒店，不是小餐馆，不是快餐店，我们凡事都要注重细节，要给客人最好的服务，这是我们五星级酒店服务的理念，也是我们对客人做出的保证。通过你在工作中的表现来看，你显然不适合这份工作，因此我们的合作就此结束吧。"

这个年轻人开始也没有想到，让他丢掉工作的原因是自己不端正的态度。这份工作让他首次尝到了挫败感，也让他明白了很多：与其对工作大肆抱怨，不如摆正心态，多忍耐、多学习，只有这样才能获得别人的认可。当然，也正是这次挫败让他警醒，让他明白，做任何事情都不是想象中那么简单的，只有历经挫折和磨难的人才能找到成功的方向。此后，他吸取教训，找了一份新的工作，在工作中不抱怨、不计较，无私地付出，最终获得了领导的夸赞和肯定，成为一名优秀的酒店经理。

工作是这样，感情更是如此。两个人从陌生到相伴，没有不经历风雨的。每个人都有自己的性格，相处中难免有抱怨，有分歧，有磕磕绊绊，这需要双方互相谅解与扶持。

电影《失恋33天》中有这样一幕，希望对恋爱中的男女能有所启示。

负责婚礼策划的黄小仙接到一个任务：为一对年近八旬的老人策划一场难忘的金婚典礼。"金婚"对 20 多岁又刚刚失恋不久的黄小仙来说简直就像一个美好的神话故事一般，她迫不及待地想知道两个人能在一起牵手走过 50 年的秘诀到底是什么。

坐在她对面的老先生笑得很憨厚，她还没有开始询问，他就开始说话了。他说老伴喜欢米白色的婚纱，白的太耀眼，米色不够浪漫。他说老伴希望现场布置方面除了玫瑰还要有百合花，那样才像他们的爱情：甜蜜长久。他把婚纱的尺寸也给了她，但叮嘱她婚纱最好做得尺码稍小一点，因为老伴最近生病瘦了一些……他说了那么多老太太的要求，可黄小仙问他自己对婚礼有什么要求时，他回答：她的要求就是我的要求。

病床前，黄小仙满怀激动地向老太太讨教他们相伴至今仍然恩爱的秘诀是什么，老太太看着她满脸期待的表情笑得很开心："就算是最好的公司也不敢保证生产的机器一辈子不出故障，出故障不要紧，重要的是及时维修。两个人的感情也是如此，你不能奢望它一直顺利，你要做的就是在出现问题时及时发现，并及时纠正。"说完，她还讲了她年轻时的一件事情。

原来多年前老太太怀孕期间，她发现老公和自己的一个年轻学生有了外遇。她没有因此歇斯底里地责骂他，也没有自暴自弃，甚至没当他的面提起此事。生完孩子，她找到那个女人，心平气和地与她谈了一番话，告诉那个女人他们如何相爱、家庭如何美满，并以过来人的身份提醒她莫走歪路，及时回头。事情真的就这样过去了，她是用自己的方式，既维系住他们的关系也没有让他难堪。最终她成功了，也才有了今天的金婚。

老太太最后语重心长地说道："真要说有什么爱情保鲜的灵药的话，就是在爱情中遇到磨难时那份不离不弃的坚持。"

黄小仙听完不禁赞叹老太太的智慧与心胸，也深深反省了自己的上一场恋爱，自己从来都是横冲直撞得理不饶人，从来都没有自我反省自我检讨，从来都没有想过要主动解决问题而只会一味地抱怨对方。于是她冲窗外的蓝天点了点头，表情完全没有了以往惯有的倔强，这下她终于知道自己的问题出在哪里了，也明白以后该怎么做了。

是的，黄小仙平时一味地抱怨，是因为她的阅历还太浅，还没有经历过爱情的磨难。也只有经历过磨难的人才会明白，生命是不需要抱怨的。我们更应该做的是感谢磨难，是它让生命变得坚强挺拔，让爱情变得珍贵动人。在这个充斥着浮躁和功利的社会中，我们唯有不抱怨，去感谢那些磨难，才能不断地认识自己，化磨难为力量，改变自己，体会历经苦涩后的甘甜。

大千世界，有黑就有白，有喜也有悲，有顺境就会有逆境，凡事都不应该一味地去抱怨，你若以积极的心态去应对，无论在工作、生活还是在感情里，最后都会开花结果有所收获。

>> > 只有充满泥泞的道路，才能印证努力过的痕迹

凌晨三四点的时候，你被一件反复思索终而未决的事情惊醒。六点的时候，你在思索房子的事情，并开始考虑，要不要换一份好的工作。这时，你准备起床了，刷牙洗漱的时候想到昨天上司分配了一项重要的任务尚未完成，精神开始变得紧张起来。你又开始想，怎样让那个啰唆的上司对你有个好印象。接下来，儿子的功课、女儿的学费、明天的伙食、母亲的生日会……你的脑子被各种烦恼占据，一系列问题和亟待解决的事在心里翻江倒海，不断折磨你的思绪。你忧虑生活陷入困顿，害怕人生步入低谷，抱怨工作难做，家庭难养。

于是，一天的好心情就这样被忧虑替代了。

其实，你所抱怨的东西，并不会因忧虑而有所改变，即使你认为最坏的事情已到来，你被生活伤得遍体鳞伤，也不该让这些成为你满腹抱怨的理由。因为人生本就充满许多不尽如人意的地方，关键要有一颗积极向上的心，积极面对，才能走出迷途。

莎莉·拉斐尔一直梦想成为一名优秀的节目主持人。最早的时候，她想到美国大陆无线电台工作，但美国大陆无线电台的负责人认定女性主持节目不能吸引观众，因此不愿意雇用她。

后来，她到波多黎各去碰运气，因为不懂西班牙语，就没办法主持节目，她不得不苦练西班牙语。三年之后，她的西班牙语水平已经出类拔萃，但一直没有合适的采访机会。最重要的一次机会，是多米尼加共和国发生暴乱时，她想去采访，可通讯社拒绝了她的申请，于是她自己凑够旅费飞到那里，采访后将报道卖给电台。

此后几年，她不停地工作，不停地被人辞退，辞退的理由是电台认为她根本不懂什么是主持，这一点对她打击很大。1981年，她好不容易进入纽约的一家电台工作，但很快又被辞退，理由是她跟不上时代，此后一年多，她失业赋闲在家。

后来，她有了一个节目构想，先后向国家广播公司的两位职员进行推销。构想得到首肯，却都没有下文。最后她说服第三位职员，但被告知不能做访谈节目，只能在政治台主持节目。尽管她对政治一窍不通，但她不想失去这份工作，便决定勇敢尝试，恶补政治知识。1982年夏天，她主持的节目终于开播了。她充分发挥自己的长处，技术娴熟，言谈平易近人，并积极鼓励观众打来电话互相交流，这在美国电台播音史上算是一次全新的尝试。结果，节目办得很成功，她也很快成名。

如今，拉斐尔已经是美国著名的自办电视节目的主持人，曾经两度获奖。在总结自己的成功经验时，拉斐尔发自内心地说："在这30年的职业生涯中，我被人辞退了18次，本来大有可能被这些遭遇吓退，我也曾犹豫过。但后来，它们却鞭策着我不断前行。"

当拉斐尔被贬得一文不值时，她没有去抱怨，因为她相信一个积极奋进的人总有机会看到彩虹，就像一个走在茫茫大漠中的人，只要他不放弃行走，就一定能够找到绿洲。所以，即使遍体鳞伤，她也依然坚信自己能够取得成功。

唱出了信乐团团员心声的《海阔天空》曾感动过无数个勇往直前、从不向命运低头的人，"从不结果，无论种什么梦，才张开翅膀，风却变沉默……海阔天空，在勇敢以后，要拿执着，将命运的锁打破……"无论是初涉职场，遭遇滑铁卢的年轻人，还是身负重担，却屡遭波折的中年人，都应该牢记，所有对困境的抱怨都无济于事。相反，只有充满泥泞的道路，才能遍布或深或浅的脚印，印证努力过的痕迹。

唐代名僧鉴真14岁时被收为沙弥，配居大云寺，做了广游四方、辛苦修行的行脚僧。刚开始的时候，因为劳累，他经常不能按时起床出去化缘。

有一天日上三竿时，鉴真仍未起床，住持过来巡视，见床边堆了一堆破破烂烂的草鞋，便叫醒鉴真："今天你为什么不外出化缘呢？床边堆的这些破草鞋是用来做什么的？"

鉴真睁开惺忪的双眼说："我剃度才一年多，却穿破了这么多鞋，这些是别人一辈子都穿不破的草鞋啊，今天我想为庙里节省一些鞋。"

住持听后，对鉴真说："昨夜外头下了一场雨，你快起来，陪我到寺前走走吧。"

大雨过后，寺前的黄土坡变得泥泞不堪。

看着眼前的景象，住持忽然问鉴真："你是要当个只会撞钟的和尚，还是要成为能弘扬佛法普度众生的名僧？"

鉴真说："当然是后者啦！"住持微微一笑，接着说："昨天你一定走过这条路吧，现在你来找下自己的脚印。"

鉴真不解地说："这怎么可能呢？昨天这里道路平坦，今天变得如此泥泞，小僧如何能找到自己的脚印？"

住持不语，径直走进了泥泞里。走了十几步后，住持停下来说："现在我在这路上走了一趟，能找到我的脚印吗？"

鉴真答道："那当然能了。"住持叹道："是啊，只有泥泞路才能留下脚印啊！"

鉴真听完住持的一声叹息，顿时恍然大悟：泥泞留痕。

"宝剑锋从磨砺出，梅花香自苦寒来。"鉴真和尚用他坚韧而辉煌的一生为我们诠释了这句话的真谛。其实，古人为我们留下的那些至理名言绝不是敷衍后人的空话套话，而是字字珠玑。从历史中走来的一个个成功案例无不在诉说着先奋斗后成功的经验事实。总而言之，唯有经历奋斗获得的成功才是实实在在的。

是的，我们整日奔波劳苦，总为看不到结果而抱怨。但事实上，我们应该相信，只要经过艰苦跋涉，终有一天会留下痕迹。当我们行走在这片泥地上时，不管走得多远足迹都会深深地留在泥地里，印证我们的存在。

>> > 刻薄的打击有时能让我们满血复活

一片麦田能否收获，需要适宜的温度，需要雨水的浇灌，需要肥料的滋养，是不是只有这些就足够了呢？答案是否定的。还要经受风的肆虐，这样才能有结实的秸秆；还要顶住烈日的暴晒，这样麦粒才更饱满。不管是雨水肥料的滋养还是狂风烈日的打击，都是上天赐予麦田的厚爱，缺一不可。

麦田如此，一个人的成长亦是如此。我们在成长的道路上如果只是一味地被表扬赞许，就容易满足现状止步不前，更有甚者被赞扬冲昏了头不能及时发现自身存在的问题而导致不进反退。相比之下，一些看似刁钻刻薄不留情面的打击，更能让我们认清自己的不足，激起我们的斗志。

这样的例子在我们身边比比皆是。

我表弟李强工作已经有两年多的时间了，一切还算顺利，待遇也不错，可是他一直开心不起来。原来，他一直想成为一名人民教师，高考时由于成绩一般以及父母干预等种种原因，他未能被一直向往的某师范大学录取，最终进入了一所非师范学校，毕业后的工作是和大学所学专业对口的行业。

工作这几年，"成为一名教师"这个梦想一直未破灭。在一次老同学聚会上，他说出了自己的想法：希望通过跨考师范类专业研究生来实现多年的理想。此语一出，引来大家的纷纷讨论。

老同桌说："挺好的，我支持你，加油！一定可以的。"鼓励的话是好听，可是坦白讲李强心里很没底，毕竟参加工作的人了，想静下心来学习，不是几句加油鼓励就能搞定的。

以前同宿舍的一哥们儿说："现在不是有工作吗，考不考没啥意义，反正毕业还得找工作，多麻烦啊。"这个道理他懂，可是没做喜欢的工作他就是不甘心。

其他同学也都你一句我一句地说着，不过也都和上面两位说的差不多，各有各的理，李强听着也很是纠结。

后来老班长发话了："你小子还是算了吧，还考什么，做什么事都是三天打鱼，两天晒网，没什么恒心，要是你都能考上那岂不是太没天理了。而且你又贪玩，有时间还是好好打网游打篮球吧。你要能考上了，那就是我听过的最冷的笑话了……"说完惹来大家一阵狂笑。

李强很尴尬，班长的每句话都刻在了他的心里。

回去以后他不再犹豫，不再抱怨，开始搜集相关资料，积极和学校联系，刻苦学习。期间也有过要放弃的念头，可是一想到老班长那些刻薄的话，心里的斗志一下子就燃起来了，像游戏里的人物一般，立马满血复活且战斗力满格。

皇天不负有心人，后来他终于如愿考上了研究生。回头再看这段路，给他留下最深刻感受的不是只说加油的人，不是劝他再三考虑的人，而是那个当众打击他的老班长。

老班长打来电话祝贺他，夸他好样的，说他的确没辜负他的一片良苦用心。他半天才反应过来，原来老班长不是真的看不起他不相信他，而是知道他自尊心强，得用激将法才管用。

生活中从来都不缺少老班长这样的人，总是打击或批评着我们，如果正确对待，我们就会不断地超越自己做得更好。相反，如果我们只是对他们充满敌意，而不去改变现状，那么我们就难以取得进步。要知道，好听的话谁都会说，它虽不伤和气可也没法让你进步，批评的话只有真正关心你的人才愿意说，它能使你知不足而思上进。

媒体上每天都有各种关于名人成功事迹的报道，我们在羡慕他们风光无限的同时，却很少知道，他们曾是平凡小人物时受过的打击与挫折。

从一名普通的大学教师到坐拥亿万财富的中国最富有教师，从只有几间培训教室到做成全国规模最大影响力最广的培训机构……这是俞敏洪到目前为止的人生经历。

大学毕业后留校任教的俞敏洪，因为身边很多同学好友都去了国外，慢慢的他也萌生了出国的念头，可是经过三年的努力尝试，还是未能如愿，于是他一边当老师，一边在校外办起了托福培训班，为自己同时也为更多人的出国梦而忙碌。

然而有一天他在学校广播里听到了一则处分通报，这份处分不是别的，正是点名针对他私自办学行为的。

不得已之下，他只好选择离开北大，自己创业。那时候的他为了节约开支，住十几平方米的屋子，自己用毛笔写小广告，在寒风凛冽的冬夜里，骑着自行车就着昏黄的灯光在北京的大街小巷张贴广告。实在太冷了就裹紧衣服，喝口二锅头来暖暖身子，有着不干出一番事业不罢休的执着劲儿。

一份汗水一份收获，历经几多艰辛的俞敏洪终于成功了。此时的他得到了同学及学生的认可，经过时间的积淀，当再次以受邀嘉宾的身份站在北大礼堂上演讲时，对这个带给他荣耀及伤疤的地方，他更多的是充满了感激。

冰心说："成功的花儿，人们只惊羡她现时的明艳！然而当初她的芽儿，浸透了奋斗的泪泉，洒遍了牺牲的血雨。"试想如果当年北京大学没有给俞敏洪处分，可能到现在他还是一名普通的大学老师，不会有今天这么多耀眼的荣耀与头衔。对俞敏洪而言，当年北大对其进行处分的初衷为何已不再重要，而它的意义却不言而喻，正是这个打击加速了他实现自己梦想的步伐，让他全力以赴做自己喜爱的培训事业，最终他用实力证明了自己，让梦想绽放得如此炫目。

爱的表达从来都不是只有一种方式，我们既然能够接受表扬和鼓励，也要能够承受得了打击与批评。不要抱怨打击我们的人，要理智地思考他们所说的话，正视你不愿意正视的软肋，改正自己的不足，并在实践中不断完善自我。

>> 〉逆商高的人不抱怨

各种不公平在职场中层出不穷，有的人因为关系快速升职，有的人因为偷偷窃取别人的劳动成果而加薪。如果我们心中充满嫉妒，就只会盯着自己遭遇的不公怨天尤人。

　　袁辉经常抱怨上司太不公平。他说："大家工作都是一样的，可是对漂亮的女同事领导就特别关照，即使有做得不好的地方，也是和颜悦色地对其指导，如果发生在男同事身上，就直接一顿痛批，你说有这么赤裸裸的不公吗？"

　　他还表示自己经常加班，上司都没有说过什么，而新来的一个女同事刚加两天班，上司就大笔一挥，给她补了一天假！因为性别差异，在工作中也不用这样差别对待吧！

　　在职场上，有一类典型的上班族，他们非常在意上司的一举一动，只要发现上司对待别人的态度稍微不同于自己，就会胡乱猜测，内心充满无限哀怨，把心思放在职场不公待遇上，导致心态不佳。

　　很多时候，我们无法左右别人的想法，尤其是我们的上司。如果他对某个同事"特别"关照，身为下属的我们也不能直接与其对峙。我们想得到上司的肯定，首先要扭转自己的态度！

　　记住：哀怨无用，不要在这些小事上浪费自己的感情，这会引起别人的反感。唯有提高自己的逆商，增强自身的能力，为公司做实事，老板才会注意到我们，让我们获得升职加薪的机会。

我朋友王建在广东一家私营企业做销售工作有两年时间了，他工作努力，业绩出色，深得老板的赏识。就在他有机会晋升为营销经理时，却输给了竞争对手——公司老板的侄子。对方无论是工作态度还是工作业绩，都没法与王建相比，但对方是一个"马屁精"，靠着特殊的身份和溜须拍马笼络了公司里一些人，顺利地当上了营销经理。

面对不公平的待遇，同事中有很多人为他打抱不平，但王建并没有心灰意冷，依旧踏实工作。

快到年末时，公司资金流动出现了一些问题。王建的销售业绩依旧出色，更重要的是，他通过平时工作与银行建立的良好关系，成功地帮公司争取到了贷款，解决了老板的燃眉之急。随后，王建被破格升职为销售总监，他用实力证明了自己的价值，并得到了应有的回报。

人们常说，在实力、品行等条件相同的情况下，有无背景是成败的关键因素。确实，在职场中，我们常常会败给那些与老板有关系的同事。无论我们想让自己反败为胜，还是不再遭受不公平的待遇，只有一种办法，就是让自己更加强大，从根本上和那些与老板有关系的人拉开差距。

在职场上，只有关系是不行的，归根到底还要靠实力说话。如果你所在的公司唯关系至上，最好还是离开。一家认真经营、想要更好发展的公司，永远需要且会善待那些忠诚踏实、业绩突出、能在关键时刻为公司雪中送炭的人才。

另外，一件事情本身公平与否，没有一个评判标准，从我们的角度来看这件事是不公平的，但从别人的角度来看就是公平的。在很多时候，有些人觉得不公平，仅仅是从自己的角度来判断的。

职场强调的是价值交换，如果我们付出的是公司所需要的，就可以纳入考量的范围，反之则不然。比如，有的人工作三年都没有升职，而新来的同事工作一年就获得了晋升，在前者看来这是何等不公。但在人力资源专员眼中，这一切合情合理。因为在公司，考量人才的标准是能力而非工龄。

俞敏洪曾给经常抱怨的人一些建议：遇到不公平和困难的事情时，要用积极的心态去面对。先不要急着下结论，也不要急着摆明态度，而是思考问题本身，以及应该用什么样的方法解决它。其中最关键的，是寻找自己的问题，不要总认为是别人的问题，以至于到最后想出来的解决方法都是针对别人的。

就好像小气的人从来不认为自己小气，斤斤计较的人也不认为自己斤斤计较一样。很少有人会做到客观地看待自己，在遇到事情的时候我们应该从自身找原因，改正自己的缺点，承担应该承担的责任，成为一个更受欢迎的勇敢者。

在职场中，遭遇一些不公平是在所难免的，我们不要过度沉湎于负面消极的情绪中。职场人若想降低遭遇不公平的概率，最好的办法是积极努力提升自己，凭实力争取升职加薪的机会，从而获取更好的待遇。

》 〉 只要充满热爱，身处逆境也会感到幸福

现代职场竞争激烈残酷，有相当一部分人感觉压力越来越大。许多人找工作以赚钱为出发点，从来不考虑这份工作是否适合自己，是否是自己所热爱的。长期以来，大家也喜欢把工作、学习和"苦"联系起来，如苦学、苦思、苦干等，这样就会使人们产生一种误解：工作、学习本来就是为生活服务的，只要生活是快乐的，工作苦不苦都无所谓。所以，当人们认为工作仅仅是工作时，自然会觉得辛苦。

其实，被人们忽略的是，工作同样是生活的一部分，而且是很大的一部分。粗略算来，每个人一生有差不多三分之

一的时间是在工作。如果你不热爱这份工作，总是抱怨它，把它当成一种负担，那么，你一生的三分之一时光都将在苦累中度过。我们要明白工作也可以让人变得很快乐，前提是，只要你肯改变自己的想法！

萨姆尔·沃克莱刚做旋车工的时候，他内心烦躁不已，他每天的工作就是将满满的一车螺丝钉旋出来，他觉得自己的一生都要消磨在旋钉子这件琐事上了。于是，他满腹牢骚，总觉得一定有更适合自己的工作，为什么一定要干旋钉子这件破事呢？

他这样想的时候，已经将一大堆的螺丝钉都旋完了，但很快，又有另外一堆螺丝钉被人推了过来，然后，他又得不停地旋。他想，这一切是多么可怕呀！的确，他很讨厌这份工作。但能有什么办法呢？难道去找工头说："你给我听好了，以我的能力，干这种简单的体力活简直就是大材小用！因此，请你给我安排另外一份更好的工作吧。"但是，他想象得到，工头听到这些话时一定会露出轻蔑的神情！

如果辞职不干呢？再去另外找一份工作？但这份工作是他费了九牛二虎之力才找到的啊！是绝对不能轻易辞掉的！难道就没有别的办法来改变这种让人讨厌的工作状态吗？

不，肯定不会，办法总归会有的。当他这样想的时候，一个好主意来了。他要把这种单调无味的工作变成一件很有趣的事。他转过头来对他的同伴说："嘿，伙计！让我们来进行一场比赛吧！我们比一比，看谁做得快。过一会儿如果我们对自己手头上的活产生了厌烦，我们再换着做。"

同伴同意了他的建议，两人马上开始比赛。这样一来，工作果然变得不像以前那么烦闷了，而且工作效率还提高了许多。没想到，不久后，因为业绩出色，工头便给萨姆尔调换了一个较好的岗位。后来，这位聪明的年轻人萨姆尔就成了鲍耳文火车制造厂的厂长。

萨姆尔并不是咬紧他的牙齿，好像受酷刑一样去抱怨和痛恨自己所从事的工作，而是转变想法，把工作变成一种游戏，使自己做起来饶有趣味。这是他后来能获得成功的最好解释。心理学家们发现，在有趣的情绪中工作，会提高人们解决问题的能力和效率，也会增加应对挫折的弹力和适应力。

因此，在工作中一味地埋怨和厌烦是毫无意义的，我们要做的是通过一种更好的方法来阻挡自己的厌恶和烦躁情绪，让工作变得"好玩"起来。

"钢铁大王"安德鲁·卡内基曾说过："如果一个人不

能在他的工作中找出点'罗曼蒂克'来，这不能怪罪于工作本身，而只能归咎于做这项工作的人。"

卡内基之所以能够取得巨大的成功，主要原因就在于他没有将工作当成烦恼，他既知道享受生活中的快乐，还能以工作为乐。当他刚刚开始品尝人生滋味时，他就很快乐。他拥有一种魔力，总能把无趣的事情转化为有趣的事情。而且，他能把这种魔力带到事业中并感觉到快乐，所以，他并没将成功看作一件难事，而是因快乐而成功，因成功而快乐。从他的身上，我们看到了快乐的能量。

前不久，家里换冰箱，搬运工在短短的一段时间里，竟然用舞台剧的身手及口技（模仿汽车引擎发动的声音）完成了上货及卸货的工作，最后还用霹雳舞的舞姿收拾废纸屑，整个出其不意的表演让人忍俊不禁。他们是如何想出这些创意来的呢？能以玩的心态来对待工作确实令人钦佩，这种乐观的工作态度一方面能提高工作效率，一方面能避免工作的乏味，何乐而不为呢？

美国演说家罗德说："每个人上了讲台，都应重视自己所掌握的影响大众生活的责任，并把握机会创造正面的影响力。"对于我们来说，每个人工作时，都应该把握这份工作所带来的能够影响社会的机会，创造出当事人永难忘怀的情绪经验，不仅让自己享受到工作的乐趣，也让别人得到快乐。

抱怨不能解决实际问题，不能帮我们摆脱困境，不会使我们的工作越来越好。与其抱怨工作，不如热爱工作。与其抱怨工作，不如改变心态，努力工作。这样我们在回首自己的一生时，才不会因虚度年华而悔恨，因碌碌无为而羞愧。

>> 〉 学会感恩生活中的磨难

网络上曾流行一句话，假如你因为错过太阳而哭泣，那么你也将错过群星。也有人说，假如命运关闭了你的门，就必然会为你打开窗户。

事实的确如此，当我们因为已经发生的事情无限懊恼时，我们很有可能因为沮丧绝望，失去美好的未来，也不能够继续为自己的人生奋力拼搏。当我们遭遇人生的厄运时，只要我们不放弃，我们就有可能发现新的转机或生机，从而帮助自己的人生打开崭新的篇章。既然如此，我们每个人都应该杜绝抱怨和无休止的欲望，要想从人生中得到满足，我们应该更多地看看自己所拥有的，从而满怀感激地面对生活，发自内心地感谢生活。

命运对每个人都是公平的。一味地抱怨和奢望，只会使我们错失很多宝贵的机会，导致事情更加糟糕。在意识到这一点之后，相信聪明的朋友一定会及时改变心态，调整自己对生活和人生的态度，才能更加积极地奋进，绝不轻易放弃。尤其是不要在抱怨之后做白日梦，那些梦虽然做起来很容易，但想要实现，脱离行动是根本不可能的。一千个梦想也比不上一次脚踏实地的行动，说的就是这个道理。

我所在的小区住着很多教师，我对门的刘阿姨就是其中的一个老教师。她独自一人生活，没有什么积蓄，虽然到了快退休的年龄，但她依然努力工作，这对于她的经济和精神都同样重要。在刘阿姨55岁那年，她不得不退休。刚开始，刘阿姨非常沮丧，因为她不知道自己失去工作之后要怎样生活，更不知道自己应该如何消磨时间。思来想去，她决定干些自己喜欢的事情。

她挨个幼儿园寻找工作，她只要求做一件最简单的工作，即给小朋友们讲故事。在得知刘阿姨有着丰富的教学经验，而且索要的薪水也不高时，很多幼儿园都欣然答应了刘阿姨的请求。就这样，刘阿姨每天都拎着幻灯片在几个幼儿园之间奔波，她绘声绘色的演讲得到了小朋友们的真心喜爱。

后来，刘阿姨突发奇想，决定在家里举办故事园，那些小朋友在放学之后都可以到她的家里来听她讲故事。刘阿姨收取的费用很低，这使很多父母都特别支持她的工作。就这样，刘阿姨在晚年有了自己独创的事业，她成为小朋友们口中不折不扣的"故事大王"。刘阿姨的事迹被一个儿童公益机构知道了，这个机构主动赞助刘阿姨大量资金，让她出版故事碟，并以非常低廉的价格出售，惠及那些家庭贫困的小朋友。

假如刘阿姨没有积极寻找自己身上的闪光点，而是为自己惨淡的人生抱怨不休，她也就不能在晚年还能迎来事业的高峰，更不可能为很多贫困的小朋友带来绘声绘色的故事。

朋友们，每个人都有缺点，也有优点。在任何情况下，我们都不能只盯着自己的不足，而要努力发掘自身的优点，尤其在失去某些便利条件的情况下，我们更不能只盯着自己所缺失的，而要充分利用自己所拥有的。所谓知足常乐，我们只有保持积极乐观的心态，才能更加积极主动地面对人生，才能真正地改变人生。

古今中外，有很多名人、伟人、成功人士，比常人遭受了更大的厄运。他们之所以能够成功，并非因为他们得到了命运的眷顾，也不是因为他们拥有的更多，而是因为他们在遭遇坎坷和挫折之后，始终坚持不放弃，努力成就自己的人生。

ADVERSITY

QUOTIENT

第三章
逆商高的人，都是自愈力很强的人

如 何 成 为 一 个 逆 商 高 的 人

>> 〉年轻的资本不是身为小鲜肉，而是输得起

"小鲜肉"这个词最近一直很流行，用以形容那些年轻帅气的男士。在演艺圈，一直有着一句话——年轻就是资本。大多数艺人是吃"青春饭"的。趁着年轻靓丽，吸引一批粉丝，赚几年钱，接着就销声匿迹了。娱乐新闻中每年都有报道，某某明星青春逝去后沦为"路人"，老年生活多么落魄。其实，导致他们落魄的并非年轻资本的消失，而是不再是"小鲜肉"之后，不再被关注之后，他们觉得自己被淘汰了，觉

得周边的人不再围着自己转了。他们承受不了这个打击，也就是所谓的输不起。

输得起或是输不起，说白了其实就是在面对逆境时，你的态度与处理方式。有的人处于逆境之中，会觉得社会不公，从此一蹶不振；而有的人在逆境之中会变得更加出色，不仅不会倒下，反而会让自己全方位提升！

现在，很多企业和个人处于艰难时期，全球经济一片黯淡，美股曾一日熔断三回。在这样的形势下，我相信并非所有的人都会倒下，那些能迎难而上的人，那些不惧逆境和艰险的人，只会越挫越勇。

一个坚忍不拔的人，一个具备抗挫折能力的员工，在面对工作中的意外和失败时，不会感到自己正在承受灭顶之灾。他们往往能迅速冷静下来，找到解决问题的切入点，利用一切资源，积极应对已成的事实。在他们看来，困难不是停止行动的障碍，而是一次创造漂亮行动的难得机会！

成功为你赢得荣誉和利益，失败使你得到经验和教训！无论是成功或失败，我们都能从中有所收获，提高自己的执行力。不要把成功当作行动的唯一目的，否则你永远不会成功，很多时候，成功是由失败积累而来的。

当你身处逆境甚至绝境时，不要自怨自艾，更不要怨天尤人，这些都无济于事。你应该勇于面对事实并剖析事实，找到逆境的击破点，变压力为动力，突破绝望获得重生。这个过程，需要你坚忍不拔的承受力，以及变压力为动力的智慧。

失败总是让人们为之叹惋。但没有失败的痛苦，人们也不会迫切地希望成功。人应该把逆境作为一次挑战，这样，不仅能激发动力来克服困难，而且还有机会使你一举成名，获得前所未有的荣誉。

总而言之，逆境和顺境，压力和动力都在一念之间。

我以前工作时，单位有一个同事叫姗姗。她是总经理助理，做事耐心细致、一丝不苟，而且善于揣摩上司的心理。作为助理，她总是把总经理的事务安排得井井有条，使总经理能充分利用时间，从繁杂的日常事项中脱离出来。因此，姗姗很受总经理的赞赏和重用。姗姗自己也认为在公司可以高枕无忧了。

岂料，将近年尾时，由于需要总经理处理的事情一下子增加了不少，姗姗忙中出错，在一次与客户的谈判中带错了合同。这次失误，暴露了公司产品的底价，给公司带来了巨大的损失！

姗姗一下子从总经理身边的大红人，变成了公司的小文员。姗姗灰心丧气地想："这一次的错误给公司带来了这么大的损失，自己一定不会再被公司重用了！难道自己一辈子就只能当个小文员了？"

事情过去几个月后，总经理觉得自己当初对姗姗的处分确实重了一些，而且姗姗在自己身边时，自己也能轻松许多，于是想把姗姗调回自己身边，仍然当自己的助理。

没想到，当总经理向人事部调人时，人事部经理说：姗姗早在几个月前就辞职了……

一直受到上司重视的姗姗，缺少员工必备的反省意识、分析能力以及抗挫能力。姗姗把"不降职"作为工作的底线，于是在上司的惩罚面前，她显得恐惧、迷茫甚至绝望，最后她辞职了。

假如姗姗能经受住这一次的失败，好好反省自己，分析一下当前的形势，她就会明白，自己不会一直做小文员的。她的逃避，不仅意味着放弃，还意味着对自己的否定——否定了自己以前的功绩、否定了上司对自己的赞赏、否定了自己的重要性！

既然上司如此重视姗姗，而姗姗也确实能使上司工作更加轻松，她就不是没有"起死回生"的可能！归根结底，是姗姗自己在挫折面前太软弱、太悲观，把"顺风顺水"当作理所当然，她缺少面对失败的勇气和对抗逆境的毅力。

即使上司不把姗姗调回身边，姗姗就不能再一次成功吗？若姗姗能服从上司的安排、坚守自己现在的岗位，在岗位上做出成绩，上司看到她的努力和成绩，也会对她的态度和能力重新予以肯定！

无论怎样，坚忍不拔、无条件执行的品质和抗挫折能力是一个员工必须具备的！你不能保证，在职场中你就是常胜将军。逃避是毫无用处的，不能把逆境当作逃避原因，而勇于、善于在逆境中找到生路、变压力为动力才是最重要的！

>> > 你所认为的逆境，其实只是生活中的正常磨难

很小的时候，我们羡慕"别人家的小孩"，长大以后，我们羡慕"别人家的老公""别人家的孩子"，殊不知，我们自己也有可能是别人眼中的幸福者。谁的生活不是一地鸡毛？谁的人生不是充满困顿？其实，从来没有天生的强者，更没有毫无弱点的强者。很多时候，强者之所以能够成为强者，并不是他与生俱来的本领与天赋，而是他后天总结出的

顿悟和磨炼出的能力。

　　一个朋友前几天来我家跟我诉苦，说她不想让女儿学画画了。

　　我问她为什么。

　　她说女儿从幼儿园中班就开始学画画，现在已经四年了，也没见画出个什么名堂，所以不想让她学了，不如报个数学培训班。

　　我挺惊讶，我说我觉得孩子画得挺好的，作为一个不满8岁的小女孩她算是有天赋的，就这样放弃了多可惜。

　　朋友说，哪里好哇？你不知道，我让女儿参加了好几次美术比赛了，得的最佳奖项就是个三等奖。三等奖有意义吗？没有！二等奖都没有意义，因为别人只会注意到一等奖！

　　她还问我，你知道郭晶晶吧？你知道孙杨吧？你知道李娜吧？为什么这么问？因为他们都是某个领域的冠军！一等奖的获得者！那我问你，你知道奥运会上的跳水亚军是谁吗？游泳的亚军呢？打网球的亚军呢？不知道吧？我也不知道。说完她还扬扬得意地看着我，一副"我没有说错"的神情。

　　我总觉得她说得不对劲，孩子的兴趣爱好怎么能与专业训练人员相比？而且才8岁的孩子，究竟要取得什么样的成绩才算学出了个名堂？但和她无妄地争执又没有什么意义，终归是人家的孩子，人家怎么决定我这个外人只能半开玩笑地插插嘴，说多了就是多管闲事儿。

朋友刚从我这儿离开，我的一个写书的文友发微信告诉我，他不想写了。

我这个文友是社科图书作者，两年前和一年前各出版了一本书。

我问为什么，你以前没出书的时候天天想出书，现在好不容易出版了两本书，打下了一点基础怎么就不想再写了？

他告诉我，写书有多辛苦。他说我们都是作者，这件事你是了解的。可是我辛辛苦苦地出版了两本书，如果说因为没名气，人家给的稿费低，我没赚着钱我认了，但是销量也很平啊。看着图书销售网上那可怜巴巴的几十条评论，继续写下去还有什么意义呢？

我说评论少说明不了什么的，你看某某作家的书评论数也很少，再说了，即使这两本书销量真的不多，我们争取下一本写得更好，销量更好不就行了？

文友说，不写了不写了，没意思，我还不如回家卖水果。

碰巧的是，我下班回家的时候路过我们小区的一家水果店，水果都堆在了店门外，摆了个牌子写着"大甩卖"，看架势不像平时常做的促销活动。再一看，店内的货架基本上都空了。我问店主怎么回事，店主告诉我卖水果不赚钱，准备做早点生意，还感叹了一句："这年头，小本生意只有开餐馆不赔钱。"

故事看到了这里，你们发现什么问题没有？

那就是不管是我的朋友、文友还是做生意的小老板，他们都有一个共同的特点：急于看到成果。

因为机缘巧合，没怎么辛苦付出就能出名、赚钱的人有吗？

有！

但这毕竟是凤毛麟角，一亿个人里也难得出现一个，大多数人是在成长的道路上不断积累才慢慢走向一定高度的。现在的人似乎都有点急功近利，他们不懂得只有在春天播种，秋天才会有所收获。很多人在做事的时候，刚刚付出一点，马上就要得到回报——学画画、学写作、做生意等，刚开始觉得难，在发现继续努力也不行以后，立即就想放弃。

显然，这是心理不成熟的一种表现。

只有先付出才能得到，而付出是需要成本的。你想获得独立，就要先付出自由；你想得到专长，就得先牺牲爱好；

你想获得名气，就得先付出寂寞；你想获得金钱，就得先付出辛劳；你想给家人更多的陪伴，就得先付出个人的提升；你想看到花开，就要先付出等待。

有一点是明确的，你在某一件事情上做到了付出，才有机会得到加倍的回报。就像一粒种子，你把它种下去，浇水、施肥、锄草、杀虫，最后你收获的是几十倍，甚至上百倍、上千倍的回报。

这个社会有很多已经成年的人，还没有脱离幼稚的行为，一点小事情就跟别人争来争去；短时间内没有看到成绩就抱怨、就放弃。

我们生于世，每个人都会遇到困难和挫折，当你难受感到支撑不住的时候，想想曾经的幸福和美好。无数次的重新尝试之后，你会发现，只要我们的心脏仍在跳动，真的没有什么大不了的。面对一时的打击与磨难，我们可以选择小小的吐槽，可以选择在亲人面前撒娇，但是吐槽过后，请尽快爬起来。在一次次摸爬滚打中为自己准备好一副坚硬的铠甲，越挫越勇，越来越努力。

这个世界就是这样，努力不一定会有回报，但是不努力，就一定不会有回报。请你记住，淡化面对的苦难，放大生活中的欢乐，是我们顺利度过人生逆境的良方。不要羡慕别人的生活，"子非鱼，焉知鱼之乐？"别人的生活中有你羡慕的欢乐，也有你承受不来的伤痛。你只需做好自己，过好属于自己的每一天，你在这一刻感受到的困难，或许也是其他人生活中的常态。

>> > 那些打不倒你的，将会让你更坚强

常言道，人生不如意十之八九。在生活中，我们遇到的每个人未必都是自己喜欢的人，经历的每件事未必都是顺利的事，每一天也绝不是只有幸福与快乐，而是经常充满着烦恼与痛苦。在这样的人生历程中，无数人感到烦躁不安，甚至对人生绝望。殊不知，那些你不喜欢的人与事，也许会给你带来一时的痛苦，但你不要排斥它们，更不要试图把它们从你的人生之中清除出去。这些痛苦的磨砺虽然使你暂时失去快乐，但却迫使你不断成长，不断砥砺前行，最终使你成为更好的人，拥有更加美好的人生。

每个人都是在逆境中不断成长起来的。尽管人人都希望得到命运的青睐，被命运捧在手心里，但只有逆境才会使人变得厚重而又坚实。不要再抱怨人生中有太多的不如意，给我们带来太多的痛苦，当我们拥有顽强的生命力和坚定不移

的心时，那些不如意和痛苦就会成为人生中最宝贵的养分，促使我们成为真正的强者。

　　大学时期，小敏最不喜欢的就是英语课。大学毕业后，小敏原本心仪一家外企，却因为英语不过关，导致其他方面都非常优秀的她被淘汰了。此时，小敏才意识到，当初英语老师什么也不管，让她自由自在，如今却让她吃足苦头，她下决心要把大学里没有学好的英语在毕业后补起来。

　　和小敏一样，清逸原本也不喜欢英语。不过，清逸遇到了一位非常严格的英语老师。这位英语老师对学生要求非常严格，只要有学生达不到她的要求，在尊重人格的基础上，这位老师总是严厉批评她的学生。背地里，同学们都说英语老师是"女魔头"。然而，说归说，为了免遭霉运，同学们在每次下课后都认真完成老师布置的作业，在上课前会主动认真地预习，毕竟都已经是大学生了，谁也不愿意被老师批评得面红耳赤。就算是英语最差的学生，或者对学习漫不经心的学生，只要一上英语课，必然正襟危坐，片刻也不敢懈怠，就连打个哈欠都担心错过什么。

　　上了四年的英语课后，原本像小敏一样的清逸，毕业后居然顺利进入一家知名外企，成为不折不扣的高薪白领。这到底是为什么呢？原来，不知不觉中，在认真地上每一节英语课时，清逸的英语水平已经有了很大的提高。看到小敏无法进入外企而不得不去参加英语培训班的痛苦模样，清逸在心里由衷地感谢英语老师："谢谢你，老师，是你让我们在痛苦中坚持充实自我。"

人们常说，走得太快的路，通常是下坡路。的确，小敏大学四年的英语课是在睡觉或者看小说中度过的，这样快乐的时光过得飞快，而毕业后找工作时面临的尴尬窘境却使人无法面对。相比之下，清逸在大学校园里的每一节课都过得很艰难，简直堪称紧张，正因为如此，她才能不浪费每一分钟，在毕业后如同脱胎换骨，顺利进入知名外企。正如有人说的，人生中没有任何一种付出是毫无回报的，也没有任何一段过往是白白经历的。只要多多用心，利用宝贵的青春时光提升自己，我们就能如愿以偿获得成长，也最终会从痛苦中蜕变出来。

任何时候，命运都不会无缘无故地善待我们。生命的诞生总要经过剧烈的痛苦，生命的成长也不是平白无故的，更不可能一蹴而就。很多时候，痛苦使人清醒，也逼迫我们不得不寻找人生中新的希望和机遇。现代社会，很多年轻人是独生子女，习惯了从小接受长辈的照顾，即便走入社会，也很难做到脚踏实地地学习和工作。然而，有些经历是不可逃脱的，正如父母不可能陪伴他们走完一生一样，他们最终要自己成长，要独自坚强地面对世界，要破茧成蝶超越自己。

从另一个侧面来看，那些不能使我们轻松愉快的事情，未必就是错误的。不管是判断一个人对我们是否有用，还是判断一件事情对我们是否有利，我们都不能单纯地把快乐作为唯一标准。常言道，良药苦口利于病，忠言逆耳利于行。很多时候，痛苦的事情反而能让我们成长，让我们警醒。不要急于排斥那些使你不快乐的人或事，在人生的道路上，也许他们注定不会带给我们幸福快乐，却会逼迫我们艰难地前行，直到我们遇到最好的自己，成就最精彩的人生。

>> 〉 生活哪儿有那么多想当然

说到逆境，相信没有什么比我们现在所经历的新冠肺炎疫情更让人感到恐惧的了。疫情当下，人心惶惶，商铺关门所造成的经济下滑让很多人囊中羞涩，工作前景渺茫。在这种困境下，有的人抱有信心，并采取行动突破困境；有的人则畏缩不前，对前景忧心忡忡。到最后，哪一种人能屹立于时代潮头，成为众人瞩目的焦点呢？答案当然是前一种人。

有这样一句话：努力了不一定能成功，但不努力一定不会成功。面对逆境的态度，同样是在考验我们是否肯努力，是否在努力。

智者告诉我们："人可以通过改变自己的心态去改变自己的人生。"换句话说，我们有什么样的心态，就会有什么样的生活方式，就会有什么样的心情。拥有好的心态，才会有好的心情，有了好的心情，才会用心做好身边的每一件事。

什么是好心态呢？简单说来，就是正确认识人生、认识自己。要知道，生活不可能总是按照我们的意愿去进行。生活有时候往往和我们所向往的背道而驰。好的心态就应该是不以自己为生活的目标，接受现实，改变自己。只有这样，我们才能享受生活，感受幸福。

我的一个妹妹在 4 年前毕业，她来到一家规模较大的地产公司工作。4 年的时间里，她从最开始的业务员做到了现在的业务经理，每个季度的业绩都是全公司前三名。

她出色的表现，深得老板的器重，同事们有难缠的客户也都习惯求助于她，手下的员工们也尊重她，这使她在公司里的人气很高。

在她看来，这个季度的区域经理人选非她莫属了。她所在的公司人事升迁制度是内部升迁，按业绩排名和综合成绩择优挑选。也就是说，她现在的级别是业务经理，如果顺利的话，按照她的业绩，这个季度就可以升任区域经理了。

自从准备升迁的消息传出来之后，她就感觉同事们都在有意奉承甚至是巴结她，她自己为此也有些得意扬扬起来，毕竟她还不到30岁，如果能做到区域经理，在这家公司是破天荒的事。

很快，人事部让她去领取业绩考核单，并且让她核实自己的个人资料。看起来，马上就要宣布任职通知了。想到这里，她不禁高兴得心花怒放。

但是，让她乃至所有人没想到的是，升任区域经理的居然是另外一个人，大家都不明白为什么志在必得的她居然落选了。听到落选的消息后，她的情绪开始急转直下，强烈的挫败感让她觉得难以在这家公司再工作下去了。虽然我安慰和开导了她很久，但是效果甚微。

我的这个妹妹在工作方面是个很优秀的人，就因为习惯了这种优秀，让她难以接受出乎意料的挫败。

实际上，生活中发生这样的事不是很常见吗？很多事看上去是理所当然的，是必然的，人们就凭主观判断、下结论，然后按照自己的想法去行事。一旦出现出乎意料的情形，事情没有按照自己的认识、意愿和判断去发展，甚至是朝着完全相反的方向发展，大多数人就无法坦然接受甚至觉得备受打击，进而影响了自己原本积极的心理状态。

在现实生活中没有所谓的"想当然"的事情，每个人的人生都有很多路要走，不管你走的是哪一条路，困难、艰苦与其他意想不到的局面都有可能出现，且不以我们的意志为转移。

我们不能对生活下什么结论，不能把自己置于一个注定安稳的想象环境下，更重要的是不必动辄改道或临阵脱逃，唯有坚持下去，才能建立起坚强的信心，获得最后的胜利。假如在一件事情上我们已经付出了很多努力，即使遇到困境，即使最后的结果和我们的想象与期待大相径庭，我们也不应轻易放弃，而要坦然面对。只有这样，我们才不会前功尽弃，才不会在黎明前的黑暗中倒下。

>> > 换个角度看世界，我们的生活并非一无是处

"你不能延长生命的长度，但你可以拓宽它的宽度；你不能改变天气，但你可以左右自己的心情；你不能控制环境，但你可以调整自己的心态。"我们的生活并非一无是处，抛开负能量的一面，就能换个角度看世界，换种心情，换种活法。

我朋友王云是个平凡的女人，她性格内向，不善言谈，穿着朴素。她有一手好厨艺，有一个踏实的老公和一个争气的儿子。在单位同事和朋友的眼中，她是令人羡慕的女人。然而，王云自己却不觉得幸福，她的内心总是焦虑，还时常悲伤、抑郁。

前几天，王云到我家来找我闲聊："老公虽然对我不错，但他是农村的，家里条件也不好，工作也不太好。儿子虽然考上了名牌大学，但费用太高，每年给孩子凑学费都发愁。生活本来就拮据，现在更是什么都舍不得买了。现在房价这么高，以后等孩子毕业，到谈婚论嫁的年龄时，我们拿什么给他买婚房啊……"

我听完王云的诉苦，耐心相劝："你干吗要这么悲观，你现在所悲伤的事，还没有发生。你这不是杞人忧天吗？你不妨换个角度想想，你老公对你这么专一，虽然钱挣得不多，但比

很多有钱男人在外面养小三不是要强很多吗？你儿子考上了名牌大学，虽然费用高一点，但毕业以后就业不成问题，而且一定会有一个不错的工作，到时候他会挣很多钱来报答你们的养育之恩，哪儿还用得着你们为他的未来考虑。你们现在挣的虽然比有钱人差远了，但比很多没有固定收入的人都强啊，每个月都有工资，还有工作，这不就是很美好的生活吗？"

王云听了我的劝告后，脸上露出了会心的微笑，感觉一下子轻松了很多。

在生活中遭遇不顺心的事，有些人能够坦然对待，依然保持一份快乐的心情；有些人却整日焦虑、郁郁寡欢，钻情绪的"牛角尖"。这是以不同的角度看待问题的结果，能够换个角度看问题的人，痛苦再大，也会以"塞翁失马，焉知非福"的态度来看待不幸。

换一个角度，发挥逆向思维的优势，在走出困境的同时，也许就获得了柳暗花明的改变，那时你会觉得原来一切都没有想象中那么糟。什么难题在你这里都不是问题，人生如此，该是何等洒脱、何等惬意。

1. 让自己的心淡泊一点

让自己的内心淡泊一些，不要总想付出了很多，回报却很少。把这些得失看淡一些，让自己内心平和一些。看事情，换个角度，从另一个方面看问题，很多是非荣辱都会成为过眼云烟，你就能很好地控制自己的情绪了。

2. 希望，要时刻留在心里

要知道，每一个明天都是一份希望，无论自己身陷什么样的逆境，都不应该感到绝望，我们还有很多个明天。只要未来有希望，人的意志就不容易被摧垮，前途比现实更重要，希望比现在更重要，人生不能没有希望。

3. 在生活中焕发思维的活力

平日里，你可以选择一些自己喜欢的项目进行健身活动，在运动中转换自己的思维。节假日，你可以选择离开闹市，多亲近大自然，享受阳光，这样也能转换你的思维方式，让你从紧张的工作和生活中放松下来，让你得到重新焕发活力的机会。

常常转动脑筋，你才会足够聪明，否则，就会思维固化，缺乏灵活的思考。一个人，不善于思考，就无法想出更好的方法，找不到更宽的路子。思路一变难题解，思路一变天地宽。思维往往有着点石成金的作用。

》 〉 到达芭蕾舞的殿堂，需要一双丑陋的脚

我最近在看季羡林先生的故事，他有一句话看似平淡，我却印象很深，他说："过平常日子的小老百姓，有时候总会遇到走运或不走运的事情，有时候即便足不出户也不能避免一些是非。对于好运，高兴之余喝酒助兴，一醉酣畅；对于不走运的事情，不过在心里郁闷几天，发发牢骚，转瞬就过去了。最重要的是要保持乐观积极的心态。"我想，季羡林先生是在告诉我们：在生活中无论遇到顺境还是逆境，我们一定要以积极的心态面对，才有可能盼到转机的到来。

用积极的心态面对生活中的不如意，正是我们现代人应有的生活态度。遇到不顺利的事情时，如果我们能够以积极乐观的心态面对，好运和快乐也许会伴随而来。

我有一次打出租车，一坐进车中，便感觉到司机是一位极为乐观的人，因为司机一会儿吹吹口哨，一会儿播放时下最流行的歌曲。我见他如此快乐，便羡慕地对他说："您今天的心情真好呀！"

司机笑着说："当然了，我每天都是如此呀，为什么会心情不好呢？"

我微笑着回应道："是呀！不过，你不会遇到令你心焦的事情吗？"

司机接着说："苦闷不幸的事情经常会有的，但是我发现，因此情绪低落或者愤怒暴躁，不但于事无补，还对自己和事情本身一点好处都没有。何况，事情总会有转机出现的时候啊！"

"这怎么讲呢？"我好奇地问道。

司机便给我讲起自己亲身经历的事情："那天早上，我也是照样开车出门，心里想着早高峰期，我应该可以多拉几个人挣点钱。但不幸的是，我的车子还没有开出多久，车胎便爆了。时值寒冬，天寒地冻，车子停在路边，我情绪简直糟糕透了。没办法，我只能拿出工具箱自己换轮胎，但是天气恶劣，刮着很大的风，我费了半天力气也没换上。"

司机故意停顿了一下，接着说："这时候，事情便出现转机了，有辆卡车过来停在了路边，卡车司机见状便从车上跳下来帮助我，而且不用我动手，他就很熟练地把轮胎换上了。我心里非常感激，想要给他些酬谢时，却看到他微笑着挥了挥手，跳上车子离开了。"

讲到这里，司机笑着说："正是这位陌生的卡车司机，让我的心情有了极大的转变，让我相信人不可能一直处于不顺的状态中。我顿时心情大好，而且好运似乎也随着我的好心情接二连三地到来了，那天早上生意比平时多出了一倍，客人真是一个接一个！所以，每当遇到麻烦时，我总是对自己说：不必再心烦了，马上就可能出现转机了，生活不会永远都停在不如意之中。"

生活中的事情就是如此，什么事情都不会永远停留在不如意之中，与其悲观失望，不如乐观面对，给自己一些积极的心理暗示，就能使自己充满自信地去处理事情，迎来转机。

一位芭蕾舞演员因为长期艰苦的训练而导致脚部变形，大家都为她感到惋惜，她如此曼妙的身材却有一双如此沧桑、丑陋的脚。她却笑着说："一穿上这双舞鞋，我便根本无法停下来。这双脚越丑陋，就越代表我离成功不远了。"最终，她凭借自己的努力成为世界上顶级的芭蕾舞演员。

这位芭蕾舞演员正是因为拥有积极的心态，才使自己登上了成功的殿堂。由此可见，积极的心态确实能够改变人的际遇。

在生活中，许多人经常会这样说："如果再将我置于当时的境遇中，我肯定不会那么悲观、失望了，我肯定会以乐观的态度面对。"但是，生活永远不会给我们第二次选择的机会，我们可以转身去看，却永远不能回到过去。领悟到这一点，就应该以积极的心态面对当前遇到的麻烦，就像我们过去遭受的不幸一样，终究会出现转机。

美国著名的成功学大师拿破仑·希尔还是小孩子时，发生了这样一件事。有一次，他和邻居小朋友跑到一间废弃了的老式木屋的阁楼里面玩耍，由于太过兴奋，一不小心，他从高高的阁楼上滑了下去。手指上因为偷戴着妈妈的一枚戒指，在滑落的过程中刚好钩住了一根钉子，一股强大的力量将他的整个手指都脱了下来。他尖声地大叫，鲜血直流，所有的孩子都吓坏了，拿破仑·希尔也以为自己死定了。然而，他却活了下来，但是失去了一根手指。

他是一个极为乐观的人，从他知道这个结果后，就再也没有为此烦恼过。因为烦恼是没有用的，他接受了这个不可逆转的事实。他根本就没有为此自卑过。

后来，他用幽默的语言将自己的故事写成了一本书，获得了巨大的成功。

在岁月的长河中，我们每个人都会遇到一些令人不快的情况或麻烦的事情。在这种时候，与其悲伤难过，不如乐观地接受它适应它。这样就可以用积极乐观来淹没那些不幸，最终将这种不幸转变为一种幸运。就像拿破仑·希尔一样，相信这些不幸总会成为过去，没有必要给自己制造更多的麻烦。

不要让一时的不如意困住你的心情，笑一笑，以乐观的心情面对，你就会发现，天大的问题总有解决的方法，再大的困难最终会变成一笔巨大的精神财富。

ADVERSITY

QUOTIENT

第四章
逆商高的人永远笑对挫折

如 何 成 为 一 个 逆 商 高 的 人

>> < 不要轻视微笑的力量

俗语说："微笑着度过一天是一天，哭泣着度过一天也是一天，那我们为什么不微笑着度过呢？"没错，在现实生活中，不管我们面对什么样糟糕或者美好的事情，你都会发现，生活总会按部就班地往前迈进，丝毫不会停下脚步去等你。想要赶上生活这趟列车，我们只有努力调整好自己的心情，为自己而活。

　　有一次，我坐火车去一个城市出差。车开动不久，我就看到一个乘客多次把脚放在对面的座位上，很多乘客也看到了，但都不好说什么。这时，一位乘务员上前劝其放下脚。这个乘客不仅不听，还对乘务员出言不逊。但乘务员没有与他争执，始终面带微笑地一次义一次劝解。最后，事情终于在乘务员的微笑中解决了。

　　到终点站下车前，我看到那位乘客找到乘务员。我以为这个乘客要继续和乘务员胡搅蛮缠，没想到乘客略带惭愧地说："对不起呀乘务员，刚才我心情不好，是你的微笑打动了我，你的服务态度影响了我。"乘务员报以真诚的微笑说："没关系，谢谢你支持我的工作。"

　　还有一次，我在坐火车时看到一个孩子在车上嗑瓜子，把瓜子皮吐在车厢的地板上，一位乘务员微笑着上前劝告。孩子没有反应，孩子妈妈却生气了，还故意唆使孩子继续吐瓜子皮。我在旁边看了也很生气，但这位乘务员却始终微笑着，边劝阻边扫瓜子皮。

　　过了一会儿，这位妈妈看到乘务员的这种态度，也觉得非常不好意思，马上让孩子停止了这种行为。

　　微笑是上帝赐给人类最美好的礼物，是一种令人愉悦的表情。面对一个满脸笑容的人，你会感受到他的自信、友好、乐观。同时，他这种积极的情绪也会感染你，使你很快和对方亲近起来。

微笑是良好的交流方式。微笑是真诚、友好、善意的标志。微笑可以化解矛盾和冲突，使人际关系变得简单、明了，它可以调节人与人的关系，可以营造和谐、融洽的氛围。

在人际交往中，一定不要吝啬你的笑容，你的笑容会带来许多意想不到的效果。

微笑不仅是为了别人，更是为了自己。面对生活，我们应该绽放出灿烂的笑容。

我表弟有一个缺点，他总爱绷着一张脸，不苟言笑，对待家人、朋友一向都是一脸严肃冷峻的表情。

表弟毕业后做过很多工作，也做过生意，但都失败了，我觉得主要原因就是他那一张冷峻的脸，给人一种生人勿近的感觉。

我和他谈过很多次，他认为这样的表情很酷，我告诉他不能只活在自以为是的世界里，外面的世界需要的是微笑。我让他换位思考一下，当他看到一个人总是一张冰冷的脸对着他，他的心情会如何。

为了让表弟有真切的感受，我专门抽出一天时间，带他吃饭逛街。我并非单纯带他散心，而是让他认真观察和感受：当面对一副拒人于千里之外的表情时，他心情如何；当遇见微笑热情的人时，他的心情又如何。他感受完后，认识到自己以前的想法是如何幼稚，便开始尝试微笑待人、微笑做事了。

一开始，表弟很难改变自己严肃的表情，总是强迫自己微笑。他每天练习，面对着镜子笑，面对着家人笑，面对着朋友笑。时间久了，笑肌就练出来了。慢慢地，微笑成了他生活中不可缺少的一部分。

半年后，表弟成功应聘到一家报社工作。他还给自己设计并印制了特别的名片，正面是姓名、联系方式、工作单位。背面写着：世界因你的微笑而微笑！

他每次递出名片时，总会真诚而友善地对对方微笑。

现在，表弟时常笑容满面，待人热情真诚，给许多人留下了很好的印象。短短一年的时间，表弟把报社的业务搞得红红火火，发行量巨增，得到了总编的赏识。

生活就是一面镜子，我们脸上的笑容是面对生活最好的样子。现实中的我们可能从事着不同的工作，但微笑却可以成为我们共同的名片。当生活因为苦难而变得灰暗的时候，微笑就是我们生活中的一抹阳光，它就像一把神奇的钥匙，可以打开我们的心灵。当你选择与微笑相伴的时候，你就选择了拥抱感恩。而当你决定了拥抱感恩，你会发现，生活从来没有亏欠过我们任何东西，它总是在这里或者那里给我们每一个人梦寐以求的幸福。

或许，在我们的生活中的确会存在一些不容易。但是，换个角度思考，至少，它给了我们生存的空间，给了我们生命的权利。这世上从没有一帆风顺的人生，因此，遇事就选择微笑吧，选择每天保持良好情绪，让自己掌握对生活的主动权。

人生在世，想要保持生命的活力就需要我们充满激情。激情会让我们感受到世界的美好，也会让别人感受到你的势不可当。只有发自内心地散发出对生活的激情，我们才不会轻易对生活妥协和屈服。当你拥有内心不轻易屈服的能力时，你整个人所焕发出的迷人气质才会大大提升，在无形之中你会改变很多。

也许生活不会一直对我们展示它的微笑，但是我们自己要学会对生活报以微笑。微笑着面对生活中的一切丑恶与艰难，保持自我的淡然与笃定，不以外界的变故影响自己的良好心情，挥一挥手，潇洒地向昨天告别，坚信等待着我们的会是美好的明天。

>> > "吃亏是福"真的不只是一句鸡汤语

不管在生活中，还是在工作中，基本上每天都能听到"XXX真不要脸，就爱贪小便宜，今儿他……""这家伙今儿背后算计我，等老子哪天逮着机会的……"之类的话。

这类的话总是不绝于耳了。每次听到我都感慨，现在人们身上的戾气为何如此之重，也同时在思考，为何人们都希望从别人身上得到些什么，而一旦别人从自己身上得到些什么的时候，我们又会变得愤愤不平。老一辈不是常教导我们吃亏是福吗？

吃亏是福。主动吃亏不仅是福，还是一种态度，一种品行，一种风范，更是一种淡然，一种乐观，一种超凡，一种大格局。而被动的吃亏是被迫接受一种后果，一种不得已而为之的行为。同样是吃亏，二者有着很大的区别。主动吃亏是一种比较高妙和有远谋的处世方式。

在一家小型图书发行公司从事图书设计工作的小李，设计功底很不错，更可贵的是他的工作态度。那时公司正在进行一套大型丛书的出版，每个人都很忙，但老板并没有增加人手的打算，就连设计部的人也被派到发行部去帮忙，整个设计部只有小李接受了老板的指派，其他的都是去一两次就抗议了。

小李每次都会说："吃亏就是福嘛！"表面上也看不出他收获了什么，因为他要帮忙包书、送书，还要去业务部参与直销的工作，此外，连取稿、跑印刷厂、邮寄……只要有人开口要求，他都乐意帮忙！

两年过后，小李自己成立了一家图书公司，做得还真不错。

原来，他在"吃亏"的时候，把图书的编辑、发行、直销等工作都摸透了，他真的是占"便宜"了，收获了福分！现在他仍然抱着这种态度做事，对作者，他用"吃亏"来换取作者的信任；对员工，他用"吃亏"来换取他们的向心力；对印刷厂，他用"吃亏"来换取信誉。

在你主动吃亏时，你成了施予者，对方就成为得到你恩惠的接受者。表面上来看，是你吃了亏，对方得了"便宜"。然而，对方情感的天平已经向你倾斜，你与对方就有了更深的情意。

当然，"亏"也不能乱吃，要讲究方式方法。有的人为了相安无事去吃亏，吃暗亏，就会给自己带来很严重的后果。而且这个亏，我们要吃在明处，要让对方清楚地看到，自己为他付出的努力。只有这样，对方才能铭记你对他的好。

我们只要留心观察生活，就会发现"主动吃亏"是一种明智的处世原则。在现实生活中，经常会有一些贪小便宜的人，往往会在大事上吃亏。

主动吃亏可以为你赢得一份深厚的友谊，可以为你寻得一个重要的商机。主动吃亏虽然会失去一些东西，却能换来对方的尊重，也会为自己赢得好的声誉和长远的利益。

能够主动"吃亏"的人最终并不会吃亏，而不愿意"主动吃亏"的人却会吃大亏。在人际交往中，多一点"主动吃亏"，你才能赢得对方的信任和情意，对方才会接纳你、信任你、支持你。在以后的交往中，你甚至会得到对方更大的回报和付出。

在做事情的时候，主动承担责任，不计较眼前的小利，看似吃了些小亏，却让你拥有了良好的声誉和口碑。当误会解除之后，对方自然会帮助你，愿意为你付出。

宋瑞刚开始工作时是公司采购部的职员，当时他所在部门的经理被提升到总公司任职，因为走得比较仓促，有几笔账目没有处理清楚，新来的经理把责任推到宋瑞那里，非常严厉地批评了他，并决定扣除宋瑞全年的奖金。

其实，事情的责任并不在宋瑞，是公司的副总委托原来的部门经理办理的，当时宋瑞并不知情。宋瑞觉得老经理对自己不错，为他承担点责任也是应该的，所以他没有为自己辩解和争论，平和地接受了新经理的批评和惩罚。

后来，新经理知道了事情的原委，才知道错怪了宋瑞。他一方面觉得对不住宋瑞，另一方面又对他非常赞赏。

新经理认为宋瑞是一个豁达而有忍耐力的人，只要稍加培养，将来定会有所成就。于是，新经理向总公司推荐宋瑞，最终宋瑞成了部门的副经理。

在工作中，当遇到事情时，你主动承担责任，主动吃些小亏既向领导和同事展现了你的豁达、你的忍耐，也会为自己赢得好的声誉，可能还会因此受到领导的赏识和器重，在晋升道路上成为你的助力。

当你与对方进行合作时，你自己少得一点，多让一些利给对方，对方就愿意与你保持长期合作的关系。因此，你不仅没有吃亏，还会因为你的主动吃亏而得到更大的利益。

当你的生意做得不顺利时，还能主动地让对方多得，自己少得，这就更显示出你的一种气度、一种度量。正是你的这种"主动吃亏"的行为，会让对方对你有好感，并愿意与你继续合作，这样你的生意就会越做越大。

在对方有难的时候，用物质帮助对方，再用真情实意去安慰对方。当时你吃了一些亏，但日后对方一旦发达了，必然会加倍地回报你。这都是因你主动吃亏而得来的。

在与人交往时，遇到事情主动地吃一些小亏，是很有必要的。比如，在一起吃饭时，主动为对方付钱；在办公室工作时，有什么大家不愿意做的事情，你主动请缨；在大家不愿意加班的时候，你主动替对方加班。

主动吃些小亏，看似是不起眼的小事情，久而久之你就会收获更大的回报。因为你的那些小小的付出，别人是看得到的。

很多时候，"主动吃亏"是一种福，也是一种大智慧。不管你做什么工作，你主动吃亏，身边的人接受了你的"礼让"，他不仅会全心全意地与你合作，与你保持良好的人际关系，还会对你充满感激，寻找机会回报你。

>> > 逆境中更要保持快乐

人生在世，总会有一些说来奇怪的景象：那些穿着体面，看似有钱有权、什么都不缺的人仿佛整天有数不清的烦心事，总是一副忧心忡忡的样子，反倒是那些穿着随意、看似普通平凡的人们整天乐呵呵的。这样的对比与我们平常的认知虽然相违背却越来越普遍。

有时候，总会听到有人说，"等我们买房子了就好了""等我们装修完就好了""等我们买车了就好了"。似乎，快乐是跟这些物质财富画等号的，只有拥有足够多的物质财富和权势地位，我们才能够让自己快乐起来。其实，让自己快乐起来这件事，远比我们想象中的要简单得多。

人这一生中，什么时候最快乐？答案应该是刚刚出生，作为婴儿的那一段时期。为什么？因为那时的我们需求不多，总是很容易得到满足，或许只是妈妈的一个拥抱，或许只是一个小小的玩具，或许只是一杯美味的鲜奶。而随着年纪的增长，能力的变强，似乎我们的需求也在不断地变多，让我们获得快乐的成本也越来越高。现代著名的喜剧演员们都有这样的言论：做喜剧越来越难，想让人发自内心地笑出来真的好难。其实，快乐离我们很近，就看你怎么认知。

快乐离我们真的很近，近得就在我们简陋的阳台上，只要看到每天的太阳，我就会变得很快乐；快乐离我们真的很近，近得就在我们的书桌旁，只要每天能有时间让自己看上喜欢的图书，获得内心的平静，我就会变得很快乐；快乐离我们真的很近，近得就在我们的餐桌上，只要一家人能够团聚在一起，分享美食与生活中的有趣见闻，我就会变得很快乐。

由此，你发现了吗？其实只要我们的内心充满热爱，充满对生活的热情，充满对人生的希望，快乐就会从我们的心底源源不断地跑出来。这一切与物质财富无关，与权势地位也无关，只跟我们的心态和情绪有关。

有一对五六岁的双胞胎小朋友，他们喜欢每天在一起做游戏。有一天，他们觉得屋外的阳光十分灿烂，自己家的卧室却十分昏暗。于是他们突发奇想，决定把外面的阳光扫进卧室里，让卧室也跟外面一样充满阳光。

两个小朋友立刻开始行动了。他们拿着簸箕和扫帚来到屋外，小心翼翼地将阳光全部扫了进去，为了不让阳光跑掉，两个小朋友还特地找了一个黑布袋将簸箕装了进去。两个小朋友小心翼翼地护着簸箕往前走。奇怪的是，到了卧室里之后，黑布袋里的阳光就没有了。他们想，是不是黑布袋太黑了将阳光吓跑了呢？于是，这一次他们准备了一个白布袋。然而，不管什么颜色的袋子，每每进了卧室，簸箕里的阳光总是魔法般地立刻消失了。于是，他们就这样一而再、再而三地不断尝试。然而，令人沮丧的是，尽管扫了很多次，卧室里面还是一点阳光都没有。

正在兄弟俩冥思苦想而不得其解的时候，妈妈出现了，并询问他们不开心的原因，兄弟俩赶紧把发生的事情告诉妈妈并询问妈妈，是不是阳光不喜欢自家的卧室呢？否则为什么不愿意到自己家里来做客呢？妈妈听后哈哈大笑，说道："我有办法让阳光到咱们家来做客哦。"说罢，妈妈走到窗边将窗帘拉开。果然，灿烂的阳光顿时将卧室照得明亮起来，兄弟俩开心地称赞妈妈真棒。

我们很多时候就跟故事中的小朋友一样，以为快乐需要我们花费力气去寻找，去将快乐"扫进来"、去收集。其实，只要打开我们心灵的窗户，积极热情地拥抱生活，快乐的阳光就可以照亮我们心灵的每一个角落，让昏暗的心情无处藏身。

人生犹如负重前行，随着我们年龄的增长，阅历的增加，我们能够得到的东西会越来越多。同时，我们身上的担子也会越来越重，面临的压力、遇到的困难也会越来越多，越来越难。尽管如此，生活仍会继续，生活从不会因为你今天心情不好，有点难过，就大方地选择放过你，将你的生活模式调成一般的简单模式。生活本身就是客观的存在，我们无法改变。当客观存在没法改变的时候，我们能做的就只有改变自己，改变我们遇到困难时的心态。只要转变一下我们的思想，你会发现，生活从来都不是枯燥无味的。在人行道的两旁布满了小草和鲜花，只要我们愿意用快乐来充实我们的内心，小草与鲜花就会与我们同行。

》 〉 用幽默去对抗逆境

在生活中我们经常会遭遇逆境，当面对这些让人失望的事情时，大多数人或闷闷不乐、或满腹牢骚、或怒发冲冠、或借酒消愁。假如我们都以这样消极的心态对待世间的一切，那生活又如何能变得快乐呢？我们要学会以幽默的心态对待这一切的不如意。幽默是烦恼最大的克星，它能改变我们消沉的情绪，帮助我们重获自信、激情和兴致，恢复最初的精神爽朗、心情舒畅。

在美国的大学篮球联赛中，有一位传奇人物，名叫佩迈尔。他曾带领迪鲍尔大学篮球队连续获得39次冠军，在向第40次冠军冲击时，却遇到了空前的惨败。记者们当然不会放过这个绝佳的机会，纷纷前去采访这位教练此时的感受。

佩迈尔微笑着说："我现在感觉非常棒。我们再也不用背负'蝉联'这个包袱，可以轻装上阵，去冲击下一个冠军了。"

比赛失利似乎是令人极其沮丧的事情，但在乐观积极的人看来，失败不过是迈向成功的一级台阶。佩迈尔教练的话在幽默中又蕴含着智慧。他说的没错，"蝉联冠军"这个压力让队员们感受不到打球的快乐，而这次失败却可以让大家放下压力和包袱，轻装上阵，从零开始。他的幽默不仅能够减轻队员的压力，而且有指导实践的意义。

对一时的比赛失利，我们可以豁达地看待。如果要我们面对可能影响自己一生的身体残疾，就需要更大的勇气了。

伤残在普通人眼中是那样沉重不堪，可对有志之士来说，生活仍旧值得乐观面对，幽默豁达不仅让他们拥有蔑视苦难的勇气，还让他们具备了收获欢乐的能力。

医学研究发现，烦恼对人的危害不可小觑，轻则使人精神不振、情绪不佳、浑身无力，重则使人患上各种各样的疾病。

只要产生烦恼，就应该想方设法排除烦恼。在排除烦恼的各类方法中，幽默无疑是最有效也最实用的一种。

俄国著名作家赫尔岑应邀参加一个晚宴，席间他被宴会上轻佻的音乐弄得心生厌烦，但他身为贵宾，如果随意离席不太礼貌。苦恼之余，他干脆用手捂住耳朵。

宴会的主人见此，忙上前解释说："对不起，你不喜欢他们演奏的流行乐曲吗？"

赫尔岑反问道："流行的乐曲就都是高尚的吗？"

主人听了甚感诧异，道："不高尚的东西怎么会流行呢？"

赫尔岑笑了，说："那么，流行性感冒也应归类为高尚吗？"

说罢，他起身离开位子，躲到角落里去了。

虽然对轻浮的音乐不胜其烦，但赫尔岑并没有选择直接抗拒的方式，那样不仅显得他没有涵养，而且还会使宴会的主人尴尬。聪明的作家选择了幽默的方式，将轻佻的音乐比作流行性感冒，不仅解决了自己的烦恼，也表达了内心的不快。

生活在人群中，谁也免不了要应对复杂的人际关系。时间一久，我们自然会对这种应酬感到厌烦，却又找不到合适的理由拒绝，所以非常烦恼。

英国诗人罗伯特·勃朗宁有"诗癫"之称，只要沉浸到创作中，他就什么都顾不得了，而且从不知疲倦。他这个人有一个特点，就是憎恶一切无聊的应酬和闲扯。

一次，他去参加一个聚会，聚会中有一位先生大概对诗很有研究，因此向勃朗宁提了很多关于他的作品的意见。勃朗宁觉得这些意见都是无稽之谈，也不知道这位先生什么时候会停止这个话题。他很不耐烦，因此对这位先生说道："请您原谅，先生。我很抱歉占用了您这么长的时间。"

那位先生先是一愣，但很快明白了勃朗宁的意思，于是笑着向勃朗宁告辞了。

勃朗宁幽默地终止了那位不知趣先生的无聊问题。假如他换用直接拒绝的方式，很可能会引起他人的不满。勃朗宁含蓄中略带幽默的话语不仅成功地消除了烦恼，而且使自己全身而退，无法不令人称赞。

平日里，有些人经常会吃人情亏，为了面子，本着不伤和气的原则，不少人会选择"哑巴吃黄连"，有苦也不说。

在这种时候，如果你能够巧妙地运用幽默的语言，就可以轻而易举地帮自己解决烦恼。

>> > 就算不感谢逆境，但也不要逃避

曾经在网上看到这样一句话："苦难从来就不是什么正能量的东西，不要感谢苦难，但它来了，也不要拒绝它。你最应该感谢的，是走出苦难后浴火重生的自己。"

一个经历逆境苦难仍不放弃生活、仍然对生活充满希望的人，是最值得尊敬的人！有一次，我参加一个业内沙龙。在那次活动中，一位作家的话深深地感动了我。他说："生命之美，美在姿态，这种姿态就是，在面对人生的风雨时，我们不要抱怨，而是坚强面对。强大的人，是在征服了人生的一次次洗礼后的成长。所以，当我们变得比以前强大时，那是因为这个世界的风雨成就了我们，我们要用爱来回报世界。"

在人生凄厉的风雨中勇敢地站起来，从苦难和孤寂里寻找生命中点滴的甘美，是每一个在奋斗中的人的必经之路。

这个世界上没有感同身受，只有冷暖自知。当你经历过那些伤心的、煎熬的事情之后，你会发现，你变得比你想象

中的自己更强大。

大学毕业那年，我在一个化妆品公司做销售员。

有一次，我在街头做宣传。我摆好化妆品，热情地邀请来往行人过来免费试用化妆品，享受我的服务。

这时，一个中年女人向我走了过来。我主动对她说："大姐，您好，打扰您几分钟，我来帮您免费试用化妆品，我们公司的化妆品……"

她张口就说："滚蛋。"并顺手把我手中的化妆品盒子打落在地上。

那一刻，我惊呆了。虽然我在推销过程中遇到过很多次无礼的拒绝，但像这种蛮横无理的粗暴拒绝，还是第一次遇到。

这是我第一次感到愤怒，但我忍了下来，弯腰捡起掉在地上的化妆品，微笑着对她说："大姐，真的很抱歉，打扰您了。"

那是一个飘着细雨的秋末，天气很冷，我的心更冷，感谢雨水，它混合了我的眼泪，让我不那么难堪。

这件事情发生以后，我开始重新审视自己的工作方式。心想，这位顾客对我发火，一定是我的言行有不妥之处。每个人都有不如意的时候，或许那位顾客当时心里正窝火，想安静一会儿，我却不合时宜地撞到了她的"火山口"上。

"以后再跟顾客交流时，除了热情外，还要学会察言观色。"我告诫自己。

在那一年中，我再做宣传，邀请别人试用化妆品时，就会观察路过人的面相，尽量少接近正处于愤怒和悲伤情绪中的人。果然，那一年中，我再也没有遇到过简单粗暴的拒绝。

所有的绝望，经过时间的洗涤，都会模糊曾经的样子。我们的人生那么长，总会有一段时光用来浪费，总要有一段糟糕的日子逼着自己变得坚强。

这个世界很公平，不管你是一个奇人，还是一个平凡的人，只要敢和命运抗衡，与人生比赛，不沉沦，不悲哀，在人生的赛场上，哪怕你跑得不快，哪怕你最后一个到达终点，你也是胜者，因为你用顽强的意志坚持了下来。我们要学会为自己喝彩，为自己鼓劲，感谢逆境磨炼了自己坚韧的性格。

一个人只有学会欣赏自己，才会让自己拥有轻松的心态。有了这样的好心态，便会坦然面对人生的风和雨！

正如我的一个朋友所说，生命中有些日子很艰难，当你经历过后会发现，苦难有时候会让我们发现自己的潜能。在苦海中摸爬滚打后的你，会在今后闪闪发光的日子里感谢当初那个一直在坚持的自己。

我有位朋友，是出版圈小有名气的图书出版人。

在图书市场日渐低迷之时，由她策划出版的书依旧深受读者追捧。我想，十几年前的她，肯定没有想过自己今天能如此风光。

当时，她只是一个学酒店管理的大专毕业生，在浩浩荡荡的求职队伍里，她靠着对图书的热爱和执着，成为一家图书公司的前台。

这家图书公司规模很大，出版的书很杂，为了节省工资，招聘的多是没有经验的应届毕业生。因为工资低，这里的员工乐得清闲，每天应付完自己那点活儿就可以了。

相对于编辑来说，作为前台的她，工作更为清闲，除了在招聘季节给各个网站发招聘信息外，就是接待一下来公司面试的人。

有一段时间，她发的招聘信息总是无人问津。她就开始找原因，发现是招聘信息写得不够吸引人。于是，她就在网上查看各大公司、出版社的招聘启事，仔细研究。就这样，她借用资料，根据公司的情况"原创"了一份"招聘启事"。

同时，在通知面试者来面试时，她做了一些"创新"：

通知面试者时，她会花几分钟时间，主动向对方介绍公司经营内容、企业文化、工作环境、岗位职责等。在介绍时，她会主动回答对方提出的各种疑问，让面试者没来公司前，就对公司产生了浓厚的兴趣。接着，她会告诉面试者面试流程，这样一方面让面试者感到被尊重；另一方面，让面试者提前有一个思想准备。最后，她把到公司附近的乘车路线、下车站点等信息详细地告诉对方。

通过她的这一系列"改革"，面试者纷至沓来。这让她有了一点成就感。后来，她向老板申请转岗到编辑部门。

老板答应让她试试，并承诺，她如果在两个月中适应并达到编辑的水平，就让她享受编辑的待遇。

那几年她过得辛苦极了，为了充电，她晚上十二点前没睡过觉，周六日要么听课，要么泡图书馆，为省钱省时间，她在公司附近的地下室租了床位，每天步行上下班。

如今，她成功了，原来那些艰苦的时光，都成了头顶上的光环。

事后，这位朋友对我说，她面试时的"创新"，其实就是设置面试的仪式感，郑重对待每一次面试，无关成败。而准备过程中的那份专注、认真，将会成为回忆中的一场盛宴！

人的一生就像长满荆棘的一段路，明明知道会鲜血淋漓，我们还得坚持勇往直前。虽然这只是人生的起步，我们仍会为自己咽下的泪水而喝彩，鼓励自己接着走下去，坚持到底就是胜利。

对于苦难，加缪说："重要的不是治愈，而是带着病痛活下去。"在人生的道路上，我们在选择超越自己的时候，要学会对自己狠一点，再狠一点。生活赋予你的每一次挫折，都是成长的代价，值得我们纪念。

当你学会了为生命喝彩，学会了肯定自己，就是从另一个角度征服了自己。即便在人生之路上遇到再大的风雨，你都不会畏惧，并且坚信，光明终会到来！

不感谢苦难，但也不要逃避苦难，因为你会在苦难中发现坚强和美丽的自己！

>> ＞ 未来的你，一定会感谢那个失败过的自己

面对失败，谁都免不了伤心。

只是有些人已经做好了失败的打算，因为胜败乃兵家常事。在不断尝试成功的路上，跌倒在所难免。乐观面对失败，

表示他们对失败已经有了一定的承受能力。毕竟，失败并不是一件令人开心的事情，但对一件事情期望过高，失败的打击将格外沉重。

失败之后，要找出失败的原因，引以为戒，整理好失落的心情，克服低落的情绪，积极投入下一段新的旅程。

失败常给我们带来一种错觉，好像这一次失败就注定以后也不会成功。一个人若心里认定自己是个失败者，那么他成功的机会就变得十分渺茫了。失败是一种经验，一种学习，失败的重大意义，远远胜过成功。失败只能说明你走了弯路，它提醒你如果想要成功就要改正。

美国前总统林肯在成功的光鲜外表下，也有一颗饱受磨难的心。他的的确确是一个真正从苦难中走出来的坚强的人。

7岁的时候，林肯和他的家人迁至印第安纳州西南部，为了维持生计，他外出打工。此后两年时间，他的母亲离世，他也一度失业，生活十分困苦。

1832年，他参选州议员落选，还丢了自己赖以生存的工作。他不得不向朋友借钱，希望通过经商来改变窘状，结果不到一年，他又赔得身无分文，还欠下了很多债务。之后他再次参选州议员，这次终于得到了命运的垂青，他成功了，这对于林肯来说无疑是一个极大的鼓舞。

在 1860 年，他终于迎来了事业上的巅峰，当选为美国总统。

他的人生失败了 35 次，其中只成功了 3 次。他说："此路艰辛而泥泞，我一只脚滑了一下，另一只脚因此站不稳。但我缓口气，告诉自己，这不过是滑了一跤，并不是死去而爬不起来。"正因为有这样的胸怀，才使他在失败无数次之后仍记得鼓励自己站起来，勇敢地向前看。

一次又一次的失败，会极大地挫败我们的信心和勇气，而林肯失败了 35 次，可想而知是多大的毅力，让他一直坚持到最后，甚至还越挫越勇。面对失败，我们需要不断给自己以鼓励，正视失败，从惨痛的经历中从容地找到问题所在并进行更正。

我们不可能没有失败，但我们却可以尽量避免失败。

谁都喜欢成功带来的喜悦和财富，但我们的梦想和现实间总是横隔着一道道荆棘，只有忍着痛踏过去才有可能到达成功的彼岸。那些越挫越勇的人，总是在失败之后总结自己的过失，找到突破阻碍的方法。

没有谁能承诺付出就会有丰硕的回报，我们能笑着迎接成功，也要学会淡看失败。

ADVERSITY

QUOTIENT

第五章
逆商高的人懂得拒绝负面情绪

如 何 成 为 一 个 逆 商 高 的 人

>> > **要想不被世界抛弃，先不要放弃自己**

做任何事，哪怕遇到再大的困难，哪怕失败无数次，都要有坚信自己能成功的心态。这种良好的心态是高逆商的基础，更是一个成功人士必备的条件之一。很多成功人士，他们为什么能受到世界的瞩目，他们难道就天生资本雄厚，到处都能抓住机会？我们通过阅读很多名人的传记会发现，答案并非如此。他们面临的压力和竞争要比一般人大得多，他们之所以能够成功，在于他们从来没有想过放弃，因为他们所做的就是他们最热爱的。永远记得那句话，要想不被世界抛弃，就不要放弃自己。

1883 年，著名工程师约翰·罗布林准备建造一座横跨布鲁克林和曼哈顿的大桥。虽然约翰·罗布林雄心勃勃，但很多桥梁专家都嘲笑他，认为他纯属痴心妄想。但约翰·罗布林没有因为专家的嘲笑而放弃，他的儿子（工程师）华盛顿·罗布林也坚信这座大桥可以建成。父子俩决定一试。每日，他们都构思着建桥方案，同时还与各个银行家谈投资大桥的事情。

天不遂人意，在开工几个月之后，施工现场就发生了大型事故，约翰·罗布林在这场事故中身亡。华盛顿·罗布林虽然幸存了下来，但脑部受伤严重。很多人认为这个项目要就此"烂尾"，因为建桥方案只有罗布林父子知道。

华盛顿·罗布林因为这次受伤失去了说话和活动的能力，但他的思维却不受影响，他下定决心一定要完成父子俩的心愿。一天，华盛顿·罗布林突然想到可以用唯一能动的手指与他人交流。他的妻子与他心心相印，在他用手指表达完内容后，再由妻子把他想说的话传达给其他工程师。就这样过了整整 13 年，华盛顿·罗布林用一根手指指挥着工程，将雄伟壮观的布鲁克林大桥呈现在了世人面前。

在这个世界上从来都没有简简单单的成功，在通往成功的道路上会遇到无数险阻，就犹如罗布林父子一样。在艰难险阻面前，他们没有放弃，而是继续前行，哪怕只有一根手指能动，也将用它到达成功的彼岸。

人生总会有一些变故，无论是好的还是坏的，我们都不要轻言放弃。痛苦、郁闷、伤心，每个人都会有，这些在所难免，我们不要因为挫折而失去信心，不要因为失去而惧怕挫折。不抛弃，不放弃，张开自己的翅膀，放飞自己的希望，你的人生才会与众不同。

当我们失败时，当我们处在人生的低谷时，也许没有人来帮助我们走出困境，能依靠的只有我们自己。如果我们自己不给自己加油，自己放弃了自己，那就不会再有勇气走以后的路，可能将面临更大的失败，因而陷入更糟糕的人生低谷。

人生在世，谁都有最艰难的时刻，而最了解我们的人莫过于我们自己。自己对自己的鼓励是最重要的，鼓励自己会让自己变得更有力量。我们要学会鼓励自己，为自己喝彩！为自己鼓掌，而不要轻言放弃。

>> 〉 你的伤疤上写满了成长二字

很多人害怕悲伤，害怕悲伤造成的每一道伤疤。伤疤并不可怕，因为伤疤里面写着成长。正视生活带给你的一切伤害，你会发现，任何一个伤痕，都不是无缘无故就出现在你身上的。你要像读书一样读它们，像感悟哲理一样感悟它们。

在公园的长椅上，坐着爷孙两个人。

爷孙俩都是犹太人，他们虽然都是美国国籍，但犹太人的思想和精神已经深深地烙印在了他们的骨子里。爷爷是他们家第一个来到美国打拼的犹太人，后来公司做大了，现如今已经让儿子接手。现在，爷爷最大的乐趣，就是跟孙子在一起享受天伦之乐。

爷孙俩玩着玩着有些累了，便坐在这张长椅上。旁边是一棵一人多高的枫树，此处是这个公园在秋季比较有特色的景观之一。

还不到七岁的孙子跟爷爷说着自己的理想——例如长大要造变形金刚或者把终结者当成自己的宠物，等等。爷爷笑着望着孙子，听着他说那些不着边际的幼稚的话。他不但不感到厌烦，相反，孙子丰富的想象力让他感到非常高兴。

突然，爷爷神秘地对孙子说道："怎么样，我们玩一个游戏吧？"

孙子一听是游戏，立马来了兴致，拉着爷爷的手问："爷爷，什么游戏？快告诉我！"

爷爷说道："游戏很简单。你看，长椅的靠背上是一根横木，你可以在上面走，就像走独木桥一样。怎么样，想玩吗？"

孙子把右手的食指放在嘴边想了想，说道："爷爷，我是很想这样玩。可是，走在上面要是摔下来怎么办？"

爷爷笑了："别忘了还有爷爷！我可以扶着你啊！"

孙子还是有些害怕。爷爷说道："难道你还不相信爷爷吗？"孙子又想了想，最后终于点了点头。

孙子在爷爷的搀扶下，先爬上长椅，最后爬到长椅靠背最上面的横木上。横木很窄，勉强能容下孙子那小小的窄窄的一只脚。在爷爷的搀扶下，孙子像模特走猫步一样，一只脚在前一只脚在后地在横木上走着。

不一会儿，孙子就笑了："爷爷，真好玩！太刺激了！"

爷爷这时候却不笑了，他突然把扶着孙子的手松开。孙子完全没料到爷爷会这样做，立即失去了平衡，像马戏团刚学走钢丝的人一样，左右摇晃了两下，重重地摔到了地上。

他"哇"的一声就哭了，左膝盖还磕破了一点皮。

接下来爷爷做的事情，可以很明显地看出他让孙子摔下来是"早有预谋"的。只见他从裤袋里掏出两个创可贴，撕开其中一个，贴在孙子的膝盖上。但是他并不哄孙子，更没有向孙子说"sorry"。他只是平静地看着孙子哭泣，虽然眼睛里有些不忍。最后直到孙子止住眼泪，他都没有说一句话。

等到孙子不哭了，爷爷才说道："我亲爱的孩子，你一定在恨爷爷。恨爷爷为什么没有扶好你，恨爷爷为什么说话不算数，说好不放手的最后却还是放了手。"接着他拉着孙子的手，两个人重新坐回长椅。爷爷继续说道："其实这是我们犹太人的传统。在孩子很小的时候就要想办法让他们知道，在这个世界上活着，有两样东西必须记住：第一，要有一颗明白的心；第二，要随时准备受到伤害。"

接着，爷爷跟孙子解释放手的原因，为的就是让他知道：有明白的心的前提是，要了解世界上充满了欺骗，随时准备受到伤害。身上多了伤疤，也就多了经验。

可能爷爷的话太过深奥，孙子能不能听懂还是一回事，但犹太人教育孩子的传统就是这样。其中的含义，并不只有那些孩子才适用。孙子看着自己贴着创可贴的膝盖，肯定会想："至少爷爷下次跟我说玩什么游戏的时候，我要考虑一下他到底会不会像这次一样放手了。"那个小伤疤，教会了他一些东西。而且"伤疤教育"非常有效，在短短的几分钟里，可以让一个人很容易记住什么是教训，什么是有用的经验。

伤疤里面蕴藏的是知识和力量，能让一个人更好地成长。它们能帮助一个人成长，促进一个人成功。

我们要学会从伤疤中吸取营养。其实每个人都应该有这样的准备，起码对于伤痕应该这样看待：无法避免，就努力开采并汲取每个伤疤里面蕴藏的营养。如果仔细观察和体会，我们便会发现，每一个伤疤上面，都写着两个闪亮的字：成长。

我们要敢于迎接各种挑战。作为一个现代人，要有随时迎接挑战的心理。世间充满机遇，同时也充满风险。我们只能不断提高修养，调整心态，适应社会，学会从悲伤中站起来。

如果挑战失败了，也要学会以正确的心态看待失败。大风大浪才能显示出人的能力，大起大落才能磨炼人的意志，大悲大喜才能净化人的心灵。人活在世界上，不可能总是一帆风顺，每个成功的故事里都写满了辛酸。敢于正视失败，以正确的态度面对失败，不退缩、不消沉、不迷惑、不脆弱，才有成功的希望。

» 〉 逆商高的人往往看淡得失

我们知道，在得到某件东西或取得某项成就之后，我们总不免有喜悦之情涌上心头；如果失去某件东西或某项成绩，我们就会陷入深深的沮丧当中。成则喜，败则忧，这是人之常情，任何人都不可避免。

我们也知道，有成功必然有失败，有得就必然有失。一个人在成功和得到时可以纵情欢乐，在失败和失去时却很少能够将悲伤的情绪合理排遣掉，这就是我们看到一些人在股市崩盘之后选择跳楼轻生的原因了。

《大腕》这部电影是冯小刚导演的成名作，叙述的是北京青年尤优为国际大导演泰勒承办葬礼的故事。因缘际会，尤优认识了国际名导演泰勒，并对身体每况愈下的泰勒承诺，替他举办一场别开生面的葬礼。

为了把葬礼办好，尤优找到好友路易•王。在路易•王的策划下，两人将泰勒的葬礼完全办成了一场捞钱的表演。随之在葬礼即将举办、两人即将成为百万富翁之际，却得到了泰勒病情好转的消息。尤优为此躲进了精神病院，路易•王更是因受不了这心理落差的刺激，一下子疯了。

剧中人终归是表演，但道理却很现实。我们的生活中充满了赢得起输不起的人，这些人在成功时不懂得收敛以至于纵情声色，到失败之后又不懂得调节情绪从而一蹶不振。这样的人即便是一时成功了，也不可能保护好自己的成就。

得而不喜，失而不忧，这是人生的一种境界。我国著名医学家李时珍就是这样一个人。

李时珍，蕲州（今湖北省蕲春县）人，明武宗正德年间生人，因为家中世代行医，李时珍从小就奠定了良好的医学基础。后来李时珍来到皇宫成了一名太医。在太医院，李时珍见到了人世间最富贵繁华的景象，接触了人世间最显赫高贵的人，然而这一切并没有令他沉醉，他明白自己要的是什么——成为一名好医生。

在因缘际会之下，李时珍离开了皇宫。在离开皇宫之后，李时珍仍然可以过着富贵的生活，然而他没有那样去做。他选择深入民间，到那些最贫苦最卑贱的人当中嘘寒问暖，救死扶伤。从朝堂到民间，从太医到乡土郎中，李时珍没有任何的不快，仍然一心一意地对待每一个病人，刻苦钻研每一味药方，亲自尝试每一种草药。

几十年如一日的坚持，终于让李时珍实现了自己的抱负，他编撰了中国历史上最伟大的一本医书《本草纲目》，并因此载入史册为后世所敬仰。

在当今社会中，像李时珍这样看淡得失的人越来越少，大多数人把快乐与悲伤建立在得失之上。得到了就高兴，失去了就悲伤。

人之所以会那么重视自己的得失，是因为我们已经将人生是否成功，完全与物质的得失等同了起来。

一个没有什么财富的人，过着简简单单的生活，其人生未必不快乐、不充实。然而有一天他中了百万大奖，一夜之间暴富了，他的欲望之门或许就被打开了。有了钱，自然就要想怎么去花，他不再精打细算地过日子，而是整天为去哪个高消费的餐厅而发愁；他不再为每天上班几点出发才能赶上公交车而发愁，干脆买了一辆轿车，他的生活完全改变了。

不久之后，因为过于膨胀的欲望，中奖所得的钱慢慢被他挥霍一空，他再次过起了清贫的日子。然而，他的心却再也感受不到以前那种简单的快乐了。因为他吃过了山珍海味，就不想再吃萝卜白菜了；他坐惯了轿车，就不想再挤公交了。

但山珍海味和轿车毕竟已经成为过去，他只能陷入现实的苦恼中无法自拔。

其实他这种苦恼完全是自找的。试想，如果他一开始对暴富就保持一种良好的心态，又怎么会有这种情况发生呢？

某公司一个小职员，一直过着安分守己的日子。有一天，他闲来无事用两元钱买了一张彩票，没想到中了个大奖。因为平时就喜欢跑车，于是他用奖金买了一辆跑车，整天开着车兜风。

有一天不幸突然降临了，他的车子被盗了。朋友们得知消息后都怕他受不了这个打击，便一起来安慰他。可看着前来安慰自己的朋友，他却哈哈大笑着对他们说："如果你们中有谁不小心丢了两块钱，会悲伤吗？"

众人面面相觑。他接着说："我用两块钱买了彩票，然后得到了车，现在车丢了，不就是两块钱的损失吗？"

这位小职员的心态值得我们所有人学习。其实，人这一生的荣辱都是做给别人看的，跟自己并没有太大的关系。只有自己过得幸福，才是人生的真谛。而做到不以得失为快乐或悲伤的根源，就需要牢记以下几点：

1. 做事不要优柔寡断

优柔寡断的人，总会在得失间不断徘徊，不知道何去何从。这会使本该得到的，最后失去了；本该舍弃的，却因为不舍而消耗掉很多精力。时机不等人，很多时候只有果断行事，及时抓住时机，竭尽全力努力，无论成功与否，才不后悔。

2. 有一颗知足的心

每个人都喜欢和他人比较，比赢了高兴、比输了悲伤。但我们更应该自己与自己比，比比今天的自己是否比昨天的自己更强一些。今天努力了，收获了，就应该知足、快乐。而不是跟他人比，比输了，悲伤、难过、自卑。要知道，每个人都是不同的，基础不同、条件不同、经历不同，这么多不同，比的意义又何在呢？

3. 看人看事，懂得认识根本

很多时候，我们看东西只看到了表面，而没看到根本。如果你看到的只是表面，得到了不要沾沾自喜，失去了更不必感到可惜。

>> 〉逆商高的人都勇于承担责任

在生活中有许多人因为懦弱的心理，在面对责任时往往选择逃避。他们没有信心，怀疑自己是否有能力完成如此重要的任务，在责任面前后退，严重者甚至会败下阵来，一蹶不振。为了消除懦弱，我们必须培养和树立自信，敢于"挑大梁"，如果一味地畏首畏尾，就永远走不出黑暗。不论遇到什么问题，哪怕是面临失败，也不要灰心丧气，要勇敢地正视它，以积极的态度寻找应变的方法。一旦问题解决了，自信也会随之增加。

无论在生活中还是在工作中，敢于承担责任是一种永远不会褪色的好品质，而不敢承担责任的人，无法立足于社会和发展自我。

不论是谁，朋友也好，爱人也罢，他们都喜欢与有责任心的人相处、共事和生活。然而生活中却常常有因为懦弱推卸责任的事情发生。

徐明和葛飞是一对非常要好的同事，他俩工作态度一直都很好，也很努力。老板对他俩都很满意，可是因为一件事让老板对两个人有了不同的看法，因此改变了两个人的命运。

有一次，徐明和葛飞一起运送一件很贵重的古董去码头。没想到送货车开到半路却坏了，眼看时间就快到了，两人都十分着急。因为公司规定：如果不按规定时间送到，他们要被扣掉一部分奖金。于是，力气大的徐明背起古董花瓶，一路小跑，终于在规定的时间赶到了码头。这时，心存小算盘的葛飞想如果客户看到我背着古董花瓶，把这件事告诉老板，说不定会给我加薪呢，于是对徐明说："先把古董花瓶交给我，你去叫货主吧。"

当徐明把古董花瓶递给他的时候，他一下没接住，古董花瓶顿时成为碎片。他们都知道古董花瓶打碎了意味着什么，没了工作不说，可能还要背负沉重的债务。果然，回到公司老板对他俩进行了十分严厉的批评。

在他们等待处罚的过程中，葛飞的懦弱心理暴露了出来，他害怕被开除，害怕承担后果，于是避开徐明一个人走到办公室对老板说："老板，不是我的错，是徐明不小心弄坏了，请不要错怪我。"

徐明被老板叫到了办公室，虽然他心里忐忑不安，但还是勇敢地把事情的经过告诉了老板。最后他说："这件事是我们的失职，我愿意承担责任。另外，葛飞的家境不好，请求老板酌情考虑对他的惩罚。我会尽全力弥补我们所造成的损失。"

后来的几天，他们就在惶惶不安中等待结果。终于有一天，老板把他们叫到了办公室，对他们说："我一直对你俩很器重，想从你们两个当中选择一个人担任客户部经理，没想到出了这样一件事，不过也好，这让我看清了哪一个人更合适。我决定请徐明担任公司的客户部经理。因为一个能勇于承担责任的人是值得信任的。葛飞，从明天开始你就不用来上班了。"

"其实，客户已经看见了你们俩在递接花瓶时的动作，他跟我说了他看见的事实。还有，我更看重的是问题出现后你们两个人的反应。"老板最后说。

葛飞因为不敢担当责任落了个被辞退的下场。我们也经常会像他一样懦弱胆怯，不敢承担责任，害怕灾难降临。如果我们懦弱胆怯，不敢承担责任，最终将逃不出被淘汰的结局。现实生活中，灾难总是喜欢光顾那些懦弱、没有勇气承担责任的人，而人们往往更喜欢和更信任那些敢于承担责任的人。有人为了躲避痛苦，而选择逃避问题、逃避责任。其实成长就要经历无数挫折与失败，能够忍受痛苦、承担责任的人，生活才会给予他积极的回报。

有这样一则故事也说明了推卸责任可能会导致悲惨的后果。

老鼠一族本来可以解决天敌猫给他们带来的灾难，但是因为没有一只老鼠敢于承担拯救同类的责任，所以至今老鼠还在受猫的威胁，不断有老鼠死在猫的利爪之下。

尝尽苦头的老鼠，召开了全体大会，号召大家献计献策，共商对付猫的万全之策。众老鼠冥思苦想。有的提议培养猫吃鱼吃鸡的习惯，有的建议加紧研制毒猫药，有的说……最后，还是一个老奸巨猾的老鼠出的主意让大家佩服得五体投地，连呼高明。那就是给猫的脖子上挂个铃铛，只要猫一动，就有响声，大家就可以事先得到警报，躲藏起来。这一提议得到了会票通过，但决策的执行者却始终选不出来，所有的老鼠都十分胆怯，对猫敬而远之。高薪奖励、颁发荣誉证书等办法一个又一个地提出来。但无论什么高招，都无法将这一决策执行下去，因为任何一只老鼠都不愿去冒这个很可能会丢掉生命的险。至今，老鼠们还在自己的各种媒体上争论不休，也经常举行会议，但是仍然看不到任何进展，老鼠依旧要受到猫的危害。

假如有一只老鼠克服内心的恐惧，勇敢地挑起这个重任，站出来去执行这个给猫挂铃铛的提议，它将是鼠族的英雄，将获得所有其他老鼠的敬重和信任。

聪明人总是把责任二字放在第一位，负责任，有独立性，有主见，会努力奋斗。他们从不会推脱责任，面对问题总是勇敢地寻找解决的方法。当承担责任成为习惯时，我们的身上就会焕发出无穷的人格魅力。即使我们的职业是平凡的，只要做到有责任感，我们也能在平凡的工作中闪耀出个人魅力。

懦弱逃避解决不了任何问题，逆商高的人大多会勇于承担责任，积极找寻解决问题的办法。

》 〉 你所焦虑的失败，多半都不会发生

在生活中，很多人时刻处于焦虑之中，并非他们的生活面对很多危机，而是他们缺乏安全感，习惯为那些未必会发生的事情担忧，也就是人们常说的杞人忧天。毋庸置疑，未雨绸缪是好，可以在事情发生之前有更多的时间进行充分的思考，从而想出对策，不至于事到临头手忙脚乱。

然而，过度思虑，导致杞人忧天，就超过了思考的限度，

无形中给我们的心理增加了很多负担。曾经有心理学家专门进行了一项实验，让人们把自己担忧的事情写在一张纸上，依旧正常地生活，等到一段时间之后，再让那些人回过头去看自己曾经写下的担忧。大多数人发现自己担忧的事情根本没有发生，甚至没有给自己的生活造成任何困扰。这很有力地证明了一个事实，我们的担忧十有八九不会发生，我们的担忧，大多数情况下是杞人忧天。

看微博时，收到了一封前来寻求心理帮助的小妹妹的私信。她说，自己最近生活颓废，想寻求改变但总是失败，想下定决心却又怕自己坚持不下来，坚持一段时间又怕没有成效。

我问她从什么时候开始出现这种情绪的。她说是从去年考研失败起才有的。

"自从去年三月份拿到考研成绩，知道自己无缘进入初试以后，我就一直郁郁寡欢。现在，工作也懒得找，每天在家里睡到中午才起床，一待就是一整天，哪儿也不想去，谁也不想见。今年三月份，眼看着考研之战又将打响，我知道自己现在迫切需要改变心态，改变生活方式和生活习惯，不再懒惰，不能因为考研失败就否定自己。可是不知道为什么，三个月来每天就像恶性循环一样，晚上不睡早上不起，拿起手机就查询关于心理学考研的资料，刚查了一半又果断放弃。这种状态，别提考研了，小事都做不好了，再这样下去，父母伤心，男朋友估计也受不了了。他去年和我一块儿考研，他考上了我落榜了。现在他鼓励我继续考研，可是我很害怕。如果能考上还好，如果辛辛苦苦大半年再次失败，估计我就彻底站不起来了，我真讨厌现在的自己。"

一件事还没开始做就担心自己这不行那不行，这位小妹妹无疑患上了"失败焦虑症"，或者说"失败恐惧症"。所谓失败恐惧，医学上的定义是指个体在活动中未达到预期结果而遭受挫折后，对自己今后的处境产生的一种不安、惊慌的消极情绪状态。强烈的失败恐惧可导致神经功能的紊乱和内分泌功能失调。

心理学家认为，个体出现严重的失败焦虑和恐惧往往来源于早期不良的家庭教育。有严重的失败恐惧症的人在幼年的时候经常会遇到这样的情况：在学业上获得了较好的成绩，但是父母反应平淡；某次考试失败，父母却大动肝火，严厉惩罚自己。在这种家庭中成长的孩子，内心总会出现一种不被接受或者不被认同的恐惧感。

不科学的心理归因也是一些人对失败产生焦虑、恐惧心理的重要原因。在这些人的脑海中，存在着一个"简单化一"的信条："如果我在这件事上失败了，那我在所有事情上都会失败。"换句话说，只要出现了一点失败就会全盘否定自己之前的所有努力，甚至否定自我。

虽然，有"失败焦虑症"的人一般都会有意识地规避风险，努力争取好的结果，做事也更为细致，以求完美。但他们也会陷入焦虑、拖延、懒散、缺乏动力，甚至丧失行动力的境遇之中。比如，一些失败焦虑症患者内心非常想要获得成功，同时非常惧怕失败，以至于到最后他们干脆选择了放弃。

患上"失败焦虑症"就像得了重感冒，一开始会很难受，只要我们积极调整，通常都会好起来的。

1. 端正你的心态

治愈"失败焦虑症"，最为关键的一步是正确认识失败。正如雨果所说："尽可能少犯错误，这是人的准则，不犯错误，那是天使的梦想。尘世上的一切都是免不了错误的。"在成长的道路上，每人都会面临失败，这不可避免。

失败也不是什么大不了的事。美国前总统林肯曾经说：此路是如此的破败不堪又容易滑倒，我一只脚打滑了，另一只脚也因此站不稳，但我回过神时，我就告诉自己，这只不过是滑了一跤，并不是死掉，我还能爬起来。

失败让人成长，有位哲人曾说："错误同真理的关系，就像睡梦同清醒的关系一样。一个人从错误中醒来，就会以新的力量走向真理。"我们所要做的便是在错误中改正，在错误中成长。

2. 未雨绸缪、有备无患

做事之前，总是幻想着自己的失败场景，这可能与先前经常性失败的心理创伤有关。想要逆转局面，最好的办法就是在做事之前重新审视自己的准备工作。比如，尽可能把目标细化，为各个阶段的目标设定时间限制，预测过程中可能出现的挫折，并为将要发生的一系列问题预留解决方案，扎实地付诸行动。

3. 释放你的压力

为什么才华横溢的歌手，在排练的时候表现得完美无缺，正式登台时却失误连连？压力愈大时，人愈有可能过度分析自己的行动，结果很有可能使自己走向失败。平时多参加有益的户外活动，比如跑步、健身、游泳等，这些都可以很好地释放心理压力。也可以尝试深呼吸，让自己在短时间内尽快放松下来。

很多人惧怕失败，还有可能是因为内心的恐惧情绪长久得不到释放。大胆地把失败的经验告诉身边的亲人、朋友，你会在第一时间获得他们给予的情感支持。同时他们会帮助你分析失败的原因，让你更快地从失败中吸取一些经验教训，这可以帮助你继续往前走。你也可以把自己的失败经历写进日记或博客，帮助你宣泄负面情绪。不过要记得多写点乐观的评论加以平衡。

4. 自我解嘲

自嘲是疗愈"失败焦虑症"的有效方法。你尝试着从失败中找出笑点并笑谈自己的恐惧时，大脑就很少以自我破坏的方式来表达恐惧。比如，面对失败时，不妨对自己说："傻瓜，你掉坑里了，怎么能出现这种低级错误呢？还是太年轻了。"

你还是害怕自己会失败的话，不妨和自己周围的朋友一起做一件事，让他们来监督你走下去。慢慢地，这种外来监督就会转化成自我监督。当你准备逃跑时，告诉自己：不要放弃。

送给你最后一句话：勇于接受各种挑战，不放弃任何尝试的机会。只要你能够大胆地去做，或许就成功了一半。即使最后失败了，也是一次历练，也是一次经验的积累。

》 〉 负面情绪是迈向成功的绊脚石

生而为人，或许最无奈的事情就是看不清人生的方向。人生的不同阶段，我们总会遇见不一样的苦难，有着不一样的负能量和"死胡同"。胡同很玄很妙，如果没有外人的指引或者发自内心的释然，有些人或许花光一辈子的时间也未必能顺利走出。而一旦打开心门，撕开一道小口，坚定不移地顺着光亮前进，人生便能豁然开朗。

负面情绪就像田野里无人管理的野草，一旦扎根，便会"野火烧不尽，春风吹又生"。负面情绪如果不能及时从我们的内心中排除，便会不断地影响我们的心情、破坏我们的信心，甚至影响到我们的正常生活。仔细观察身边被负能量包围的人，他们总是眉头紧锁，冷若冰霜，仿佛全世界的人都对他有所亏欠；又或者郁郁寡欢，对任何事情都提不起精神，严重影响到自己的工作效率，对人对己都会造成极大的破坏。不会及时从负面情绪中抽离出来的人必定是可怜又可悲的。

有人说，负面情绪就像涟漪，你的愤怒与消极情绪会迅速扩散并一层层传递给其他相关或并不相关的人。诚然，负面情绪的传递性与扩散性的确犹如涟漪，但是所造成的后果却不似涟漪般消失于无形。人生在世，我们处在一个由各种人组成的关系社会中，各种关系错综复杂，很多时候，即便你只是很短暂的情绪爆发，也有可能在别人的心目中留下不可磨灭的坏印象。

范范刚刚毕业，就以实习生的身份进入一家上市公司行政部门当内务助理。实习期间，她被指派的第一件事情就是清点公司 D 楼里所有员工的电脑设备。范范在接到工作安排之后，丝毫不敢大意，拿着一沓清点表、一支笔，马上行动起来。她万分辛劳地在每个工作间的每台电脑处进行认真核对，登记所有电脑设备的出厂序号。

后来她到公司互联网设计部门核查登记。不承想，刚刚一进办公室表明来意，就听到了一连串的怒骂声："谁叫你来这里的？你想做什么？"

"我是行政部刚刚过来实习的，我们经理安排我来这里清点一下大家的电脑。"她惊慌地回答道。看得出来，朝她吼叫的就是这个部门的经理。

"我们部门的电脑不需要你们的任何清点！"对方继续厉声责骂道，"你们行政部每年都会进行清点，每年都是清点得乱七八糟，不但一点用都没有，还总是打扰我们的工作，影响我们的工作效率。你快出去，以后不准过来打扰我们。"虽然不是自己的直属领导，但面对经理级别人物的毫不客气的责骂，范范一时呆住了，愣愣地站在原地，不知如何是好。过了好一会儿，范范点点头，尴尬地离开了。

出来后，范范一直在脑海里回想刚刚发生的事情。这位经理的话泄露出了很多信息，很明显，这是部门与部门之间的历史矛盾，而她只是很不幸地被当了炮灰而已。自己其实并没有做错任何事情，反而是这位经理，在这件事情的处理上，显得极其没有风度。竟然对着一个刚刚入职的实习生发泄自己的怒火。

进入这家公司的第三年，范范由于出众的表现，已经升为公司行政部门的副经理一职。在范范参加的第一个公司领导层的月度会议上范范再次遇见了那位经理。那名经理一反之前怒骂范范时凶恶的态度，对同级别的领导们都是一副慈眉善目般的笑容。直到见到范范，堆满笑容的脸竟然僵了一下，连耳根子都开始红起来。

显而易见，这位经理回想起了自己当初对范范本不该有的恶劣态度。短暂的情绪爆发或许在所难免。走在人生路上，身为平凡世界中的普通人，即便再有能力，也很难让自己保持没有任何情绪的波动。但是，身处关系社会，我们应该学会尽量克制自己的情绪，毕竟能力越强，所处位置越高，情绪管理越应该到位。

我们的一生如同行走在迷雾中，很多时候是当局者迷旁观者清。或许你自认为是个非常值得别人信赖的人，但是别人却会通过你的负面情绪看到他们眼中的你，并先入为主，形成思维定式。我们并不主张我们不应该有任何的负面情绪。但身为成年人，身为社会人，我们应当学会拥有从负面情绪中及时抽离出来的能力。

毕竟，因为一两次的负面情绪造成自己在别人心目中的不良印象是非常不值当的事情。或许，我们会有很多情绪上涌、难以克制的时候。冲动不仅是魔鬼，沉迷于负面情绪无法自拔更是升级版的恶魔。当被恶魔缠身的时候，我们需要学会尽可能快地转身，及时脱离，而不是任由其发展，让恶魔侵占你的人生。

>> > 驱赶占据你内心的恐惧

在汶川地震中，一名 12 岁的少年在危险的教室里，冒着教室随时倒塌的危险，接连救出好多名同学，他的勇气实在令人折服。人们不由得感叹：自古英雄出少年！

那么，大多数孩子为什么不能像他一样勇敢呢？甚至连自我保护都不会。其中，基因遗传的勇敢因素不可轻视。根据遗传学理论，在冲动的胆汁质和多血质性格中，有的人在大难面前，会突然激起自己战胜困难的勇气，而黏液质的人却会胆怯从而犹豫不决。

天生勇敢的人只是少数。正因为多数人在心理上是极为脆弱的，更多的时候，需要一种信念和目标来支撑，让自己变得勇敢和强大起来。只要有了这样一种信念和目标，便会产生一种力量。这看似简单，但勇往无敌，无论遇到什么样的困难，陷入什么样的艰难境地，拥有这种力量的人，便能坚强地站起来。

当你的人生有了一个坚强的信念和目标，原本懦弱的人也会变得强大无比，所向披靡。

有一名在五金公司工作了18年的中年人，有一天，他居然接到了下岗的通知。顿时，他有一种天塌下来的感觉，整个人都垮了。他的儿子正在上大学，学费还是亲戚帮忙凑齐的。爱人也没有一份固定的工作，父母还需要赡养，就他在单位工作，旱涝保收，是全家的生活支柱。这下，他感到自己前途一片暗淡。从来没有想过去应聘工作的他开始四处奔波，但是，这个年龄应聘成功的概率很低，他非常沮丧。

马上要到给孩子交学费的时候了，总不能还向亲戚开口借吧。这个生性懦弱的人突然感到一股男子汉的血性涌上心头。他感到自己责任重大，他要为儿子树立榜样，不能让儿子因为家庭的困境而失学，更不能让他感到命运的捉弄是无法战胜的，从此失去克服困难的勇气。生活需要他勇敢，不能趴下。于是，这个生来懦弱的人变得强大起来，他开始把自己的弱点转变为优势。他第一次当家做主，拿出家中仅有的3000元存款买了一辆三轮车，开始到外地去贩卖蔬菜。

因为他是初次做这种小商贩，供货商和同行都欺负他、排挤他。但与以前不同的是，他不再忍让和退却，而是无所畏惧地面对他们的刁难，以牙还牙地捍卫自己的利益。菜贩和供货商看到这个老实巴交的"软柿子"居然像老虎一样威严不可侵犯，对他的态度也开始逐渐好起来，不再存心坑骗他。家人也为他的转变感到惊讶。

在他眼里这不算什么，因为他有个信念，就是做儿子的榜样，让他知道什么是顶天立地的男子汉。正是因为有了这样一种信念，他变得强大起来。现在，他不但早已脱贫，而且成了当地最大的蔬菜批发商。

一个生性懦弱的人也能变得勇敢，只要你找到那些令你勇敢的理由。一般来说，爱可以增强我们战胜困难的勇气。如果你在困难这个拦路虎面前徘徊不前、犹豫不决时，请想一下你的亲人。他们对你的期望是什么？你让他们骄傲还是让他们失望？如果退缩会让他们失望，你忍心看到他们失望的表情吗？

短道速滑冠军王濛，在面对最大竞争对手韩国选手时，孤军奋战，毫不畏惧，就是她源于对父母、教练以及队友的报答。在训练中，当王濛无法忍受时，教练总是告诉她，想想你父母，你做的一切都是为了你父母。让你父母为你感到骄傲！每想到此，王濛就增添了战胜困难的勇气。

只要想到亲人对你的需要还有你自己对生活的需求，你就不会轻易在困难面前退缩。这就是让你变勇敢的理由。信任和鼓励也是让你变勇敢的理由。当你因为怯懦而感到无法坚持想逃避时，不妨想想那些对你充满期盼的眼神，想象一下退缩的结果。

懦弱就像暗夜，越是担心，就越感到恐惧。只要把脸朝向阳光，把阴影忘得一干二净，便不再害怕黑夜了！人生也是如此，很多时候，我们不是被敌人打败了，而是在未与对手交锋前，就用可怕的想象吓住了自己。当你畏惧困难想要放弃尝试时，不妨设想一下，你退缩的结果会是什么？

当你需要承担责任的时候，你退缩了，你和目标之间的距离是不是渐行渐远呢？当你接受任务的时候犹豫了，你在群体里还会保有原来的位置吗？当你执行任务的时候，总是寻找理由退缩，你还有可能完成任务吗？你总是以胆小鬼的形象出现，别人会怎么看你？你人生的价值又怎么体现？如果懦弱和畏惧让你与成功失之交臂，在别人举杯祝贺时，你却在角落痛苦地哭泣，你甘心吗？

如果你不甘心，那么，以上这些就是让你勇气倍增的理由。勇敢就是驱散恐惧阴霾的阳光。只要心中充满阳光，你就能把阴影抛到脑后。

ADVERSITY
QUOTIENT

第六章
逆商高的人敢于另辟蹊径

如 何 成 为 一 个 逆 商 高 的 人

>> > **换个角度看逆境**

一位作家说过，一个没有经历的人，不管他对文字有着多灵敏的嗅觉，他依然写不出真正有深度的东西。经历让我们对生活的体验更加深刻；经历让我们对经验的掌握更牢固；经历让教训在我们的心中烙得更深刻。大多成功人士，多是在经历了大苦大悲、大起大落后，才真正取得成功的；大多职场高管，多是在职场摸爬滚打了很多年后，才会更加游刃有余。经历促使人成长。对于一个人来说，每一场经历都是一笔宝贵的财富。

有位渔夫，捕鱼技术超群，当地人都尊称他为"渔王"。但是，让"渔王"困惑的是，他的三个儿子却捕鱼技术平平，就连一位普通渔夫的儿子都比不过。看着"渔王"整日愁眉不展，唉声叹气的样子，邻居便问他为何如此？

"渔王"哀叹着说："我的捕鱼技术这么好，可是我的儿子们怎么就那么差呢？"

"你向他们传授了你所有的捕鱼经验了吗？"邻居问道。

"是的，从他们懂事起直到长大，凡是我总结出的经验，都毫无保留地传授给了他们，可为什么他们的捕鱼技术还赶不上一个普通渔夫的儿子呢？"

"你曾尝试着让他们自己打一网鱼回来吗？"邻居继续问道。

"这倒没有，我一直站在他们身边，手把手教他们如何打鱼。这不是为了让他们掌握得更快嘛！"

"这就对了，"邻居说道，"你的错误就在这里。你传授他们技术，却没有传授给他们教训。要知道，没有教训与没有经验同样使人难成大器。"

经历中既包括经验，也包括教训。聪明的人既会在自己的经历中吸取经验和教训，又会从他人的经历中吸取经验和教训。经验和教训，就像气球里的那股气，是人生中不可缺少的部分，是组成人沉稳、踏实的必需品。在经历中，经验和教训同等重要，一个没有经验的人，什么事都做不好；一个不懂得吸取教训的人，就不会长记性，可能会在同一个错误上摔倒两次、三次，甚至更多次。就像徒有经验没有教训的渔王的儿子一样，一辈子只能平庸。

法国哲学家布德尔曾说："爱情、痛苦、死亡，这些都是人生的大学校。"苦难的经历对于人生来说，无疑是一所大学校。它教人们认识社会，认识人生，认识顺境逆境，认识成功失败，并教人们懂得做人的道理。

大多数时候，身处逆境时，我们意志消沉、萎靡不振，抱怨命运的不公，却很少将这些痛苦当成宝贵的财富，并从中吸取教训。当打击、挫折来临时，我们不妨微笑着告诉自己"很好，我又有一笔宝贵的财富进账了，从今以后，我又进步了一点点！"当人生遇到挫折时，我们都能这样想的话，还有什么坎是我们过不去的呢？

人生的经历，教会你认识自己的优点和不足，有优点就发扬光大，有缺点就弥补改进。经历越多，你对这个世界的认识、对自己的认识就越全面。无论我们经历了什么，都可以从中学到经验，吸取教训，用经验充实自己，促进自己进步，用教训弥补自己的不足，避免在同一个地方摔倒两次。这些经历，对我们有什么益处呢？

1. 提高自己的生存本领

无论一个人从事哪一个行业，要想在这个行业里脱颖而出，就必须有扎实的专业功底。扎实的专业功底既包括我们对理论知识的丰厚掌握，也包括对实际操作本领的熟练运用。选择一个行业后，我们要做好随时充电的准备，不仅要购买相关的专业图书阅读，还要在自己的工作中总结经验和教训，同时也要向周围的人学习，尤其向那些业务能力强、工作质量高的人学习。

2. 与坚强、智慧的人打交道

坚强使人勇敢生活，坦然面对一切不幸。坚定有力地走好人生路的精神状态，是对命运的不服输，是对自我命运的勇敢把握。与坚强的人打交道，你会发现自己经历的那点苦难，其实微不足道，换种方式看待，它更有可能成为命运赏赐给你的财富。

我们的人生就是智慧人生，智慧的人做的必定是智慧之事。与智慧的人打交道，会让你开窍、有思想、有见解，能见微知著，机灵办事。

3. 让苦难升华你的人生

铭记你的一切不幸，将它们一条条写在一个本子上，闲时翻阅，告诉自己："苦难打不倒我，它们的存在只会让我争取成功的决心变得更大。"

》 〉 敢于突破固有思维，另辟蹊径

从小我们就被教育"做事要守规矩"，在我们的传统观念中，这是一种普世价值，因为做事守规矩才比较受人欢迎，以至于在现实生活中，许多人都会严格按规矩办事。但是，你也会发现，那些在职场与商界混得风生水起的人，又有几个是经常按常规套路出牌的？

某君人很机灵。一次，他去一家理发店理发，店里一个客人也没有，但是店外播放的音乐声却很响。看得出来，理发店生意不怎么好。见有客人上门，几个店员也表现得不冷不热的，一直在聊天。

理完发，有个店员为他冲洗，问他："你是第一次来我们这里理发吧。感觉怎么样？"

某君说："好坏无所谓。"

店员愣住了，一时不知该说什么，顿了一会儿，说："大哥，您这是不按常规出牌啊！来我们店里的客人，大多会说'挺好的'，也有些人会说'不好'。"

听了他的话，某君心里乐了。

其实，某君的回答挺妙的。为什么？因为他不按常理出牌。经验告诉他：如果他回答"很好"或者"棒极了"，对方就会顺着他的话，向他推荐理发师。话术逻辑往往是：这位理发师如何如何了得，我们现在有活动，充 1000 送 500，超实惠……这样，客人就会进入他的推销套路。如果回答"不好"呢？对方就会建议客人换个发型，或是进行一些特殊的护理，或是根据个人的情况再设计一个新的造型……但是，某君的一句"好坏无所谓"却巧妙地回避了这些问题。

我们理完发后，经常会产生这样的疑问：同样的理发师，为什么给自己理得不好看，而给别人理得好看呢？即使要怪，也会怪理发师的水平差，从不会怪自己的脑袋长得不合适。有些理发店工作人员会与顾客争吵，大多是因为顾客抱怨理发师没理好，而理发师也不会承认自己的水平差，往往会怼顾客说："要怪也只能怪你的脑袋没长好。"

很多时候，不按套路出牌是最好的套路，尤其是在心理博弈中，当对手惯性地认为，接下来你将会做出某种反应时，为了争取主动，你可以打破固有思维，反向思考问题。

在一次篮球锦标赛中，A队与B队相遇。当比赛剩下8秒时，A队以2分优势领先。按理说，A队可以稳操胜券。但是，那次锦标赛采用的是循环制，A队至少要赢6分才能胜出。可要用仅剩的8秒钟再赢4分，似乎有些不可能。

这时A队教练突然请求暂停。暂停后比赛继续进行，球场上出现了令人意外的一幕，只见A队球员突然运球向自己的篮下跑去，并迅速起跳投篮，球应声入网。全场观众目瞪口呆，比赛时间到。当裁判员宣布双方打成平局，需要加时赛时，大家才恍然大悟。

A队出人意料的战术，为自己创造了一次起死回生的机会。加时赛的结果是A队赢了6分，如愿以偿地出线了。

在这个案例中，A队教练在遵守规则的前提下不墨守成规，突破固有思维，化被动为主动，最终成功晋级，令人拍案叫绝。

在现实生活中，如果你能意识到自己习惯以惯性思维做事，在下次遇到问题时，不妨尝试做出一些改变。有位艺术大师指出："创造之前必须先破坏。"破坏什么呢？破坏传统观念和传统规则。面对瞬息万变的环境，只有敢于挑战规则，打破常规，才能在竞争中争取机会与主动权，才有更多的出路。

》〉在反逻辑中寻求突破困境的方法

在应对一些复杂的局面时，运用反逻辑的思维方式，可以突破一些常规思维的束缚，使问题向更有利于自己的方向发展。因为进行反逻辑思考后，就会从多角度进行思考，做出来的事，说出来的话，在别人看来是不合乎逻辑的，一时半会儿让人摸不着头脑。这样，不但在关键问题上可以制造一些缓冲，减少正面的冲撞、对立，也可以有效引导对方的思路，使其摆脱常规思维的束缚。

晚清时，曾国藩曾多次率领湘军与太平军激战，但总是打一仗败一仗，特别是在鄱阳湖口一役中，还差点丢了自己的老命。后来，他在上疏中深表自责，其中有一句是"臣屡战屡败，请求处罚"。但有个幕僚觉得这种表述欠妥，建议他将"屡战屡败"改为"屡败屡战"。这么一改，果然收到奇效，皇帝非但没有责备他多次打败仗，而且还表扬了他。

在这个故事中，曾国藩只是将自己的表述颠倒了一个顺序，结果产生了完全不同的效果。这就是反逻辑的力量。其实，在现实生活中，我们也经常见到这种反逻辑的表达，或是做事方式。它往往能起到一种出奇制胜的效果。

以上面的故事为例。在正常情况下，我们的思维逻辑是："臣屡战屡败，请求处罚。"反逻辑的表达是："臣屡败屡战，请求处罚。""屡战屡败"，重在强调每次战斗都失败，给人的直观感受是，此人为常败将军；而"屡败屡战"，却强烈地表达了自己对皇帝的忠心以及永不言败的勇气。

有一次，魏文侯问李克："吴王夫差为什么会失败，并且亡国了呢？"

李克的回答十分简洁、干脆，他说："主要在于夫差经常征战，又经常胜利。"

听他这么一说，魏文侯感到非常吃惊，皱着眉头问道："经常征战，且经常胜利，这对国家是一件幸事，怎么能成为亡国的理由呢？"

李克顿了顿，淡淡地说："经常作战，则将士身心疲惫；经常胜利，则大将容易骄傲自满。一身傲气的大将带领一群身心疲惫的士兵，岂有不灭亡的道理？"

听了李克的话，魏文侯连连点头称是。

刚开始，李克回答魏文侯的问话时，便利用了反逻辑，把魏文侯的胃口吊了起来。在此基础上，再阐述自己的观点，魏文侯就容易接受了。所以，高手说话、做事的逻辑都不走寻常路，并不是为了哗众取宠，而是另有深意，在别人不明就里时，以反思维讲出的话，做出的事，可以使人期待，明白利害冲突，从而让人深深铭记并随时可以想到它。

两千多年前，古代先贤便把反逻辑当作了一种破局的思路。据《史记·卷六十五·孙子吴起列传》记载：

公元前354年，魏国大将庞涓率军围攻赵都邯郸，双方战守年余，赵衰魏疲。这时，齐国应赵国的请求，派遣大将田忌、军师孙膑，率兵八万救赵。刚开始，田忌与孙膑率兵进入魏赵两国交界之地时，田忌打算带兵攻打围困邯郸城的魏军，而孙膑认为要解开纷乱的丝结，不能强拉硬扯，要排解双方的争斗，就不能直接参与其中，平息纠纷要抓住要害，乘虚取势，双方因受到制约才能自然分开。所以，解围的关键在于避实就虚，击中要害。

孙膑向田忌献了一计："现在，魏军主力集中在邯郸，魏都大梁内部空虚，我们如果带兵直插大梁，占据交通要道，袭击它空虚的地方，庞涓一定会回师自救。这样一来，就会解邯郸之围。我们再于中途伏击庞涓归路，魏军必败。"

事情果然如孙膑所料，魏军匆忙离开邯郸，在返回的途中又遭到伏击，与齐军战于桂陵。因为魏军士兵长途奔波，疲惫不堪，结果溃不成军，庞涓勉强收拢残部退回大梁。这一战齐军大胜，邯郸之围旋即解除。

孙膑用围攻魏国的办法来帮赵国解危，这在中国历史上是一个很有名的战例，被后来的军事家们列为"三十六计"中的第二计。围魏救赵的精彩之处在于以反逻辑的方式，以表面看来舍近求远的方法，从事物的本源上解决问题，而不是纠缠于表面，从而取得一招制胜的神奇效果。

"法有定论，兵无常形。"在纷繁复杂的战场上，灵活、恰当地运用反逻辑的思维方式，往往能够取得意想不到的效果。《孙子兵法》曰："不尽知用兵之害者，则不能尽知用兵之利。"又曰："智者之虑，必杂于利害，杂于利而务可信也，杂于害而患可解也。"在这里，"杂于利害"其实就是一种反逻辑思维。

在现实生活当中，我们多习惯用定向的、惯性的思维思考。反逻辑思维则是把通常思考问题的思路反过来，用对立的、看似不可能的办法解决难题。利用反逻辑思维可以巧妙地解决一些正常思维所不能解决的问题。所以遇到难题，不妨从多个角度寻求破局的玄机。

》 〉 逆向思考看"问题"

几乎所有人会想当然地认为，在某件事情上，如果没有问题，说明完全明白、完全掌握了，或是进步了，抑或达到了一个新的高度。这是一种错误的观念。逆转我们的思维没有问题，是不是说，就没有再前进和突破的可能了呢？

有一位知名教育家说过："什么叫学问？学问就是怎么学习问问题，而不是学习答问题。如果教会一个学生去问问题，去怎样掌握知识，就等于给了他一把钥匙，他用这把钥匙可以打开各式各样的大门。"

穆尔是剑桥大学著名的教授，也是一位很有声望的哲学家。他有一个学生，叫维特根斯坦。有一次，著名哲学家罗素问穆尔："你最棒的学生是谁？"穆尔不假思索地回答说："维特根斯坦。"

"哦，为什么？"

"因为在所有的学生中，只有他一个人在听课时会露出疑惑的表情，这说明他听课时在不断思考。而且他总是有很多问题问我。"

后来，维特根斯坦的名气超过了罗素。有人问："罗素为什么会落伍？"维特根斯坦说："因为他没有问题了。"

由此看来，没有问题并不代表懂了、会了，而是代表思想僵化了，没有创新了。可见，没有问题恰恰说明真的有问题。在这个世界上，没有问题的人生是不存在的。只要你活着，就会面临问题，不管是生活，还是工作，我们每天都在与问题打交道，快乐是因为问题，不快乐也是因为问题。

有一个年轻人在事业上受挫，整天闷闷不乐。有一天，他独自坐在一家咖啡厅的角落，满脸愁容地喝着咖啡。邻桌的一张桌子旁坐着一位老人，老人一直在默默地关注着这个年轻人。

过了一会儿，老人走上前去，对年轻人说："你是不是遇到了什么问题，如果你告诉我，也许我可以帮助你。"年轻人眼皮都没有抬，只是冷冷地说道："你帮不了我，我的问题太多了。"老人掏出名片，递给他，接着说道："你要是相信我的话，我带你去一个地方。"

年轻人看了老人一眼，犹豫了一下，没有拒绝，和老人坐车来到了郊外。下车后，老人指着一排排的墓碑说："你看见了吗？只有躺在这里的人，才是没有问题的。"老人的一句话，扫去了年轻人脸上的阴霾，他向老人说了声"谢谢"，便回头向自己曾遭受挫折的地方走去……

这个故事折射出来的道理很简单：在这个纷繁的世界上，每个活着的人都是有问题的，关键是，我们不能被问题困住心，迷住眼，绊住脚。

在现实生活中，你是一个有问题的人吗？已经习惯了一种工作或生活状态的你，是不是已经不愿意做出改变，觉得自己生活在一个没有问题的世界中呢？你是否对生活和工作丧失了思考的能力和观察的智慧了呢？如果是，那真是一件很危险的事情。

在问题面前，要学会逆向思维：没有问题，往往只是一种表象，只有没有思考的人，才没有问题。没有问题，说明你可能面临着更大的问题，即丧失了发现问题的能力。大多数人是懒惰的，能不多想，就不多想。只有那些善于在毫无异议中发现问题的人，才会看到别人看不到的错误，获得别人无法获得的成绩。

2006 年 8 月 24 日，第 26 届国际天文学联合会在捷克首都布拉格举行，在这次会议中，冥王星被降级为矮行星，不再为太阳系九大行星之一。会议做出这个决定之后，争论一直没有停止过。而且很多人认为，这么多年来，人们早已接受了"九大行星"的说法，冥王星够不够资格已经不重要，没必要开会做决定。但严谨的天文学家不同意这个观点，他们认为，必须改变，不能有半点马虎。现在，人们脑海里的"九大行星"已成为历史，许多新版的著作、文献等都将"九大行星"改为"八大行星"。

有些问题，站在原来的角度上看不是问题，或者没有问题，但换个角度看，却可以发现新问题。有问题是一种常态，没有问题可能是一种病态。

著名科学家爱因斯坦曾说："提出一个问题往往比解决一个问题更重要。"发现问题是一种很棒的能力，它可以让你从外界获取更多对自己有用的、有价值的信息。一定要学会从"没有问题"中发现问题！不能让自己处于一个没有问题的状态，也不能让自己处于一个有了问题却发现不了问题症结的状态。

》〉**突破常规思维，成功在于敢想**

置身于困境中，破局的关键不仅在于问题本身，在于你有没有应对困难的勇气，也在于你有没有认真去"想"。许多时候，不怕事情难办，就怕你不去想，不去打开自己的心结。如果把问题比作锁，那么，每把锁都对应一把可以打开它的钥匙，而这把钥匙就藏在我们身上。

有一个土豪，每次出门都担心家中被盗，想买只狼狗拴在门前护院，但又不想雇人喂狗。经过认真的思考，他想到了一个办法：每次出门前，都会把家里的 wifi 密码去掉，然后放心出门。等他回来时，门口总会蹲着一些玩手机的人。所以，家中的财产非常安全。

如果按常规思维想问题，看家护院，应该养一条狗比较好，但是换个角度想这个问题，结果就大不一样了，看家护院不一定非要养狗，方法对了，一大群人愿意免费帮你看家护院。

在人生的路上，我们不可能总是一帆风顺，当你发现自己一直坚持的路行不通时，不妨反转思路，试试另外一条路，说不定能就此开辟出一片新的天地。

曾经，有两个观光团到日本伊豆半岛旅游，那里的路况有点差。其中一位导游不断向游客表示歉意，说路面崎岖不平，给大家带来不便。游客也跟着抱怨连连，说为什么要走这么难走的路。另一个导游却诗意盎然地对游客说："各位游客，我们正在走的这条路，可是赫赫有名的伊豆大道哦。"结果游客都兴奋地望着窗外，饶有兴致地欣赏沿途的美景。

每件事情都有两面性，从常规思路看是挫折、困难，如果反过来看，其往往蕴藏着新的机会。

两个农村小伙子想进城找工作，一个想去上海，另一个打算去北京。在候车厅时，他们听人议论说：上海人做事精明，外地人问路都收钱；北京人比较淳朴大方，见到乞讨者，不但会给钱，还会给吃的、给穿的。于是，原本想去上海的小伙子想：还是去北京好，即使挣不到钱，也不会被饿死。而打算去北京的那个人也在琢磨：还是上海好，给人指路都能赚钱，可见遍地都是商机。他们都想退票，结果两个人在退票窗口相遇了。要去北京的小伙得到了去上海的票，去上海的小伙得到了去北京的票。

来到北京后，小伙子觉得北京非常好，但是，他来了一个多月，还是没有找到合适的工作，虽然身上的钱都花完了，但是也没有饿着肚子。渴了，就到银行大厅里找水喝；饿了，就到超市卖点心的地方试吃，或免费品尝。

而去上海的小伙子发现，在上海做什么都可以赚钱：打扫厕所可以赚钱，卖饮料也可以赚钱。由于没有本钱，他就从郊外挖一些含有腐殖质的泥土，用塑料袋包装好，卖给城里养花的人。后来，他攒了一些钱，租了一个门店，再后来，他注册了自己的公司。有一次，他乘火车去北京考察市场。刚下火车，只见一个脏兮兮的人伸手向他要钱，就在他抬头的瞬间，两个人都愣住了，因为六年前，他们曾换过一次票。

虽然这并非真实的故事，但多少让人觉得有些唏嘘。同样背景的两个人，在短短的六年时间里，发生了巨大的反差，原因在哪儿？在于思维不同，心态不同。原本打算去上海的人，受惯性思维影响，改变主意要去北京，并且想当然地认为，"精明"是算计，是坏事，而把"淳朴大方"想成对自己"无害"，也正是这种想法，使他失去了向上的动力。相反，本来要去北京的人却倒过来看问题："精明"恰恰说明人们有商业头脑，说明这里商机较多。结果，这种突破常规的思维给他带来了机会，最终成就了他。

决定人生高度的不是你的学历、背景、资历、经验，而是你看问题的角度、深度和广度。同一种状况，由于不同的思维，会产生不同的态度和结果。突破常规思维，敢想敢做你就有可能获得成功。

》 > 凡是你抗拒的，都会持续

不久前，网络上盛传一则挺有意思的小故事，叫《缺失的一角》，它对于纠缠在完美主义情节里无法自拔的人来说，或许有一定的启发。

一个小圆球不小心被碰掉了一块，它变得不再完美，这让它感到很自卑，一心想找回那缺失的一角。因为残缺，小圆球滚动起来非常缓慢，一路上，它与鲜花为伴，与昆虫为伍，问它们是否见过自己缺失的那部分。期间，它找到过很多零碎的角，但都跟自己不匹配。

即使这样，小圆球也并不气馁，它想，自己本来就应该是完美的，缺了那一角就成不了圆球了，就不是自己了。为了寻找丢失的碎片，变回完整的自己，小圆球不辞辛苦地不停滚动。终于，功夫不负有心人，在一个阳光灿烂的日子，小圆球在一片草丛中找到了自己的那块碎片，重新成了一个完美无缺的球。

但这一回，过于圆满的它滚得太快了，以至于没有时间再关心身边发生的一切，看不清周围美丽的花海，听不到虫儿的呢喃，感觉不到生活的美好。小圆球忽然觉得自己不像以前那样快乐了，整天郁郁寡欢。

意识到这一点，小圆球毅然丢掉了那块历经千辛万苦才找到的碎片，它又可以停停走走，欣赏自然的情趣了。

事事苛求完美，实际上是在难为自己。当一切都完美无缺、再没有任何可以修补的地方时，或许就无法体会缺失的魅力和暂停的乐趣了。

生活中本来就没有什么是"必须"的，所有的"应该"和"必须"只能让我们陷在永不满足、自怨自艾的恶性循环中。唯有从完美的画地为牢中挣脱出来，才能成为一个自然的人，流露出自己真实的一面，不伪装，不掩饰，从容地面对生活。

坚强也好、脆弱也罢，都是人性中固有的一部分。反倒是刻意压抑着自然而然的流露，才会徒增烦恼，无益于身心健康。

淑媛，某外企高管，一个人如其名的女孩。每个工作日的早晨，尽管千万个不情愿地从床上爬起，尽管头晕脑涨，可临出门前，她还是会对着镜子里的自己挤出一个微笑。她暗示自己：我必须精神饱满，我应该展示出自信和快乐。这些"必须"和"应该"的背后，实际上是她潜意识里的教条："低落"是不对的，"疲倦"是不好的，"脆弱"是会被人嘲笑的。

每天，淑媛都用自信的面具把自己伪装起来，以掩藏内心。阳光的笑容后面，是几缕隐隐约约的沮丧。即使这样，在工作和生活中遇到了什么挫折，淑媛也会装作一幅满不在乎的样子，始终把自己最干练、最坚强的一面展示出来，她总在心里对自己说："我不能哭，我不能倒下，我不能那么脆弱，我必须勇敢、坚强。"

当听到别人说"你真是个坚强的女人""我真的很佩服你，我就做不到"时，她会感觉内心有一种优越感、成就感。但远离人群一人独处时，一股莫名的悲伤便油然而生，挥之不去。当然，第二天她还会一如既往地出现在人前，当作什么事也没有发生过。

　　像淑媛这样，为了完美而应该，为了应该而对抗，她真的快乐、真的坚强吗？事实上，正如人们没看到的那样，她也有脆弱和无助的时候，也许连她自己也想知道，究竟要怎样做才能真正获得发自内心的喜乐？

　　身心灵大师张德芬说过："凡是你抗拒的，都会持续。因为当你抗拒某件事情或是某种情绪时，你会聚焦在那种情绪或事件上，这样就赋予了它更多的能量，它就变得更强大了。这些负面的情绪就像黑暗一样，你赶不走它们。唯一可以做的，就是带进光来。光出现了，黑暗就消融了，这是千古不变的定律。喜悦，是消融负面情绪最好的光。"

　　如果一直怀疑自己、否定自己，生活中的一切也会受到影响。一个人快乐与否，取决于他对待生活和自己的态度。当一个人能够从根本上接纳自己、喜欢自己时，他离幸福就不远了。

　　每个人的心里在不同时期都有某种声音，它时刻准备着抓住我们的失误和弱点，做出严厉的批评，让我们背负痛苦的情绪，让我们对自己感到失望，摧毁我们的自信。若能抛开这个声音，完全地接受自己，认为自己是值得被爱的、有用的、乐观的，不管自己有多少缺陷，曾经犯过多少错误，都可以平静坦然地接受，没有丝毫抵触与怨恨地面对。

生命中充满了奇迹，不管是谁，都有创造奇迹的机会。但成功和创造的前提是，你要成为你自己。如此，才能看到这个世界更多的美好和光明，才能体味到生活的愉悦，才能真正地去爱，去创造生命的无限可能。

>> > 学会反思自己犯的错误

常规思维会主导我们形成一种"有了错误就无缘成功"的想法。诚然，很多失败是由各种各样的错误导致的，但并不是说，错误就一定会导致失败。换个角度看，错误并不可怕，失败并不可怕，因为错误、失败能提供成功所必需的经验与教训。而且，这些经验与教训是求不来的，是不可替代的。从这个意义上说，如果一个人想要避免错误，也就是在拒绝成功。

马云说："想要获得成功，多听失败者的建议，少听成功者的建议。"对他来说，每次犯错都是一次成长，每个错误都会带来心灵的改变。错误对于人的成长有很重要的作用，如果一个人能主动地从错误中总结教训，并通过自己的独立思考纠正错误，便会获得长足的进步。

在生活中，许多人不善于反省自己，不懂运用成长型思维，即使走在错误的大道上，也异常自信，坚定地认为自己是对的，即使给别人制造了一些麻烦，也认识不到自身的问题，甚至把责任归咎于他人，直至铸成大错，才痛定思痛，但为时已晚。一个人如果永远只活在自己的世界里，缺乏反省，那会是很可怕的一件事。

在现实生活中，我们总会遇到这样的人。比如，一个人会说："我这个人做事很公平。"其实，他所谓的"公平"可能只是对自己公平，对于其他的人则是不公平的。但他根本不相信自己对他人做的事是不公平的，这就是所谓活在自己的世界里。当然，不同的人会用不同的方式活在自己的世界里，对于反思这件事而言，如果不能打破自己的固化思维，就难免会活在"自以为是"的错误的世界里。

有这样一个历史故事。

清朝末年，徐桐官至翰林大学士，这个人十分排外。有一次，徐桐对有人把美国翻译成"美利坚"十分恼火，说中国什么都是美的，美国还有什么可"美"？中国什么都是顺利的，美国还有什么可"利"？大清军队坚不可摧，美国还有什么可"坚"？更令人感叹的是，这个大学士竟自欺欺人，拒不承认世界上有许多国家，坚持认为那些"乱七八糟的国名"是英国人胡编出来吓唬人的。徐桐大言不惭地说："西班有牙，葡萄有牙，牙而成国，史所未闻，籍所未载，荒诞不经，无过于此。"

不能否认，近代中国有许多孜孜不倦探索救国救民之路的仁人志士。但是，一个有着许多像徐桐这样沉浸在天朝上国的迷梦中，且极端排外的知识分子的社会，又怎么能摆脱愚昧、迂腐、落后的厄运呢？做人也一样，一定要学会理性地反思自己的错误。

华盛顿是美国第一位总统。在他还是个孩子的时候，曾砍掉了父亲的两棵樱桃树。父亲回来后，非常生气，暗自思量："如果我查出来是谁砍了我的树，我一定狠狠揍他一顿。"于是，他到处询问。当他问儿子时，华盛顿开始哭了起来。"我砍了你的树！"接着，他把事情的经过告诉了父亲。父亲抱起他说："我聪明的好孩子，我宁愿失去一百棵树，也不愿听你说谎。"华盛顿开始认真反思自己的错误，并从错误中认识到"诚信"的重要性。

在这个故事中，华盛顿认识到"砍树"这件事是错误的，这是一种固有思维。但是，在父亲的帮助下，他意识到主动认错是一种诚信，是一种好品质，这是一种反思，这就是成长型思维。

在现实生活中，大多数人的反思仍然是依据惯性思维，幻想所谓的错误原因，并没有真正用心审视错误，没有重新尝试，只是了解错误，而不是用行动去证明，去发现错误的价值。所以当我们犯错之后，不但要养成反思的习惯，也要注重反思的质量。

ADVERSITY

QUOTIENT

第七章
逆商高的人不拖延

如　何　成　为　一　个　逆　商　高　的　人

>> > 别被"畏难情绪"困住了手脚

在你认为某件事情很困难的时候很容易就陷入拖延的深渊，但很多事情只是看上去很难。正如莫泊桑所说："生活永远不可能像你想象的那么美好，但也不会像你想象的那样糟糕。"一个逆商高的人，即使遇到再困难的事，也不会退缩和拖延，而会立刻行动，想办法解决困难。

我有个表妹，叫郭颖。去年毕业后，进入了一家私企。

最近她被分到了一个新的项目中，在培训结束的时候，所有人都需要到市场上去实操，与实体店的商家对接公司的产品。

郭颖是一个比较羞涩的女孩，经常怯场，突然接到这样的任务，她一下子慌了手脚，不知道如何才好。

任务开始的第一天，她向领导请求先跟在有经验的老同事身后学习学习，之后再独立与商家对接。跟着老同事在外面跑两天后她仍旧没有足够的信心去独自和商家进行对接，她只能再找其他的理由避免独自外出，找来找去也没有找到合适的理由，最后只能用请假来躲避与商家对接。

到了月末考核当月业绩的时候，她因为没有完成一次对接而受到了领导的批评。

在面对困难的时候，很多人内心很容易出现一种恐惧感，这种恐惧感让我们的行动变得迟缓、拖延，迟迟不能完成任务，甚至不能迈出执行任务的第一步。我们把这种情绪称为"畏难情绪"，可以说畏难情绪是导致拖延的根源所在。

但你有没有想过，在面对那些没有开始做的"困难事情"时，它的"困难"程度是从哪里得知的？它又是如何给我们带来恐慌的？

在接到一个新的任务时，我们会不自觉地拿我们过往的经验，再结合对这项任务的初步判断，来对这项任务的困难程度做出一定的评估。我们的恐慌感就是由这个评估结果所导致的。

但这种评估很多时候是不准确的，我们过往的经验所对应的是当时的自己，那时候的自己还不够成熟，很多认知还不够健全，在面对一些事情时难免会遇到一些困扰。如果把当时的一些经验当作评估现在任务的尺度，而忽视了自身的进步，最终得出的结论也会与客观事实有很大的出入。

这种现象很好解释。有这样一则寓言，与之有异曲同工之处：动物园里大象被一根细细的绳子拴在那里，它不跑不跳也不挣脱。原来，动物园的饲养员在大象很小的时候就给它拴上了这根绳子，那时候它拼命挣扎，但始终没能挣脱，久而久之它就放弃了挣扎。过去的经历就像拴住大象的那根绳子，它限制了我们正确评估眼前事物的能力。

在遇到一件自己从未遇到过的事情时，我们还喜欢"借鉴"别人的意见，根据别人的意见或大众的普遍认知来对这件事情做出难易的判断。大多数人认为困难的，我们也会认为它做起来定然不容易；大多数人认为简单的，我们也会认为它并不困难。

很多事情具有极强的针对性，在这些事情上，所谓的大众普遍认知和别人的意见都不具备参考价值，如果你对事情的评估过于依赖外部的声音，那么你的评估结果也会变得不够准确。特别是当外界声音都认为某件事情较为困难时，你会在事情开始执行之前就产生严重的畏难情绪，在这种情绪的作用下，你会变得逃避、拖延，迟迟不敢迈出行动的第一步。

此时，你需要一些方法来帮你调节任务开始之前的恐惧情绪。

1. 在精力最充沛的时候开始

人在精力充沛的时候会表现得更为乐观，更愿意接受挑战，在任务执行的过程中也会表现得更具有韧性和创造力。如果某件事情让你感到恐惧，进而产生了拖延，不要急着强攻，在消极状态下处理这些事情只会让你更难受，进而加重你的拖延。

你最好选择一个精力充沛、情绪高涨的时间段去开始这件事情。情绪高涨、精力充沛的你更容易克服事情起步阶段所遭遇的一些困难。

一个人的精力通常会在一天中的某一固定时段达到巅峰，你可以在你精力的巅峰期去做那些让你恐惧的事情，当事情度过了初始阶段的困难期后再进行时间上的调整。

2. 尝试性地坚持 10 分钟

打破心理恐惧最好的方法就是尝试，如果某项任务让你感到恐惧，不要一味地躲避和拖延，而是去尝试，很多时候尝试会帮你揭开罩在事物表面上的那层神秘面纱。

在面对一项你认为很困难的事情时，你可以抱着尝试的心态去坚持 10 分钟。对于很多事情来说，10 分钟就可以完成一个小的任务，当你有了这 10 分钟的体验和经历后，事情给你带来的恐惧感也会大大降低。这会直接促成你的下一次行动，任务执行也就有了突破点。

有些事情，没你想象的那么难。做不到，不可怕，可怕的是还没开始做就觉得太困难而放弃了。去做了，你会发现它远没有你想象的那么难，有的时候你甚至会发现它比你想象中的要容易得多。

>> > 没有"不可能完成的任务"

很多人喜欢给自己的拖延找借口，最常见的一个借口就是"这是不可能完成的任务"。有了这个借口，他们就可以心安理得地拖延，认为只要拖延了、逃避了，任务自然就消失了。这是不可能的，只有你勇于完成任务，任务才会真正消失。大多数情况下，那些看起来根本不可能完成的任务或许只是因为你主观地把它夸张化了。不信你尝试一下，你会发现它其实并没有你想的那样困难。

2016年4月，一位69岁的美国奶奶级选手参加了美国佩勒姆站职业网球巡回资格赛，69岁的她赢得了资格赛首轮比赛，以2：0获胜，终止了自己巡回赛32场的连败。这场比赛，这位奶奶打出了6：0和6：1的惊人比分。当时，在接受采访的时候，69岁的加尔·法尔肯博格说："我6个月后将满70岁，我希望继续打下去，并且要赢球。"

直到今天，在ITF官网上奶奶的参赛情况还一目了然。果然如这位奶奶所言，她不但在继续参赛，而且比赛场次居然有12站之多。对这个年纪的奶奶而言，这样的成绩足够让人敬佩了。要知道这位奶奶在38岁时才刚刚开始网球职业生涯。

38岁才开始职业生涯，70岁还执着于体育理想，年轻的你究竟有什么资格总是说自己不可能呢？平时你总是习惯于说：这件事感觉很难做，我还是明天再做吧；某某都完成不了，我怎么可能完成；反正大家都没完成，我也干脆不干了……

你一次又一次地拖延下去，你一次又一次地给自己找到诸多借口，你一次又一次地在脑海中不断夸大事情的困难程度，然而行动上却一步都没有迈出过。事情到底难不难其实你根本就不知道，或者你根本就知道事情并不难，却被想象中的种种麻烦给提前逼退了。世界上哪有那么多"不可能的任务"？那些任务的困难性只是被你习惯性地放大了而已，其原因无非就是你不想去做、你害怕去做、你拖延着不做。

面对这些问题，我们需要做的事情，首先是彻底转变对待"不可能的任务"的错误态度，学着掌握解决事情的方法，并且知道如何激起自己的精神动力。

1. 坚信没有"不可能的任务"

世界上很多以前被认为不可能的事，如今变成了已经实现的现实。中国人民修建一座机场，连几千米高的山峰都能削平。美国到英国的几千千米海底电缆，都能铺设完成，就连月球，都已经留下了人类的痕迹。对待那些"不可能的任务"，我们首先应该坚信一点：对我来说，根本没有"不可能"这回事！有了坚定的信念才会有坚强的意志力。

2. 把"不可能的任务"分开解读

有了信念，我们就要开始研究解决方法，如果你接到一项任务，认为这项任务总体上过于困难，你就可以尝试把它分解开来逐步完成。

例如，你的任务是一个月之内做完某某市区的全部药店的市场调查报告。乍一看，你可能觉得这是一项艰巨的任务，如果你仔细分解这个庞大的任务，你就会发现完全可以把任务时间分为四个星期，把市区分为四个区域，每个星期完成一个区域的调查。甚至你可以把任务细分为一个星期的具体任务，如果你愿意继续细分，还可以细致到每天上午和下午要完成对哪条街道哪些药店的调查。这样分解任务之后，你就会发现，如果每天按计划完成这些小小的任务，一个月之内完成全市区的调查报告并不是件难事。

3. 请同伴参与解决"不可能的任务"

有时候一个任务对于单个人来说独力难支，如果有很多朋友一起来帮忙完成这件事就会变得相当简单。人多力量大，而我们的社会就是在团队合作之中才会有进步。所以你需要学会邀请朋友帮助你完成任务。

不要害怕邀请朋友或同事协助你会付出什么代价，合理地请求朋友或同事帮助，会让你获得更加广泛的人际关系和更加稳固的友谊。人人都渴望被重视，友情也需要通过互相协助的方式来加固加深。所以，邀请同伴进行协助是一个非常聪明的选择。

4. 学会任务对比，用自尊激励法获得动力

如果你由于畏惧某项任务的难度而拖延，不妨找找类似的任务案例，看看别人是如何处理的，从中借鉴一些更加科学有效的方法。理性学习然后激励自己：我又不比别人差，为什么别人可以完成，我这个简单得多的任务还会觉得"不可能完成"？这样一来，你会获得强大的精神动力。用自尊激励自己去完成任务不失为一个好方法。

这些方法如果能够融会贯通为己所用，时日渐长之后，相信所有"不可能的任务"都会因为你处事态度上的正确转变最终迎刃而解，所有"不可能的任务"终究会转变为一个个可能的任务，我们便不会因为畏惧而拖延，也不会故意夸大任务的困难程度，在生活学习以及职场上不再找任何借口，我们需要做的，就是平心静气地解决一个个"不可能的任务"。

》 〉 自我安慰是拖延症的症结所在

拖延行为产生的原因有很多种，也有可能是很多原因共同作用的结果。有些人会对自己的拖延行为感到自责，并希望下一次能及时着手工作，但有些人似乎本身就不对工作结

果抱有良好的愿望，在他们看来，只需要应付一下就可以了，正是因为这样的心态，让他们不断地拖延工作。

我们都希望自己的工作能力得到肯定，这是证明自身价值的一种方式，同事的认同、上级的赞扬或者升职、加薪，都是我们所在意的。一旦我们因为拖延工作而失去这些的时候，我们便会在内心安慰自己：我根本不在意这些，我又没指望自己出类拔萃，其实这只是自我疗伤，越是自我麻痹，我们越是会拖延。

在这里，我想讲两个关于我发小的故事，他们两个有着同样的问题，很具有代表性。

我其中一个发小，在我们老家的一家地产公司做文员，平时也没什么大事，就是整理整理资料和文件。

在公司甚至部门内部，很多人都不知道有我发小这个人的存在，因为她太普通了，普通的长相、普通的学历、普通的职位。其实这不是最主要的原因，问题在于我发小自身，她自己从来不争取什么，无论做什么，她总是慢悠悠的。

有一次，我们俩吃饭，我问道："你不是说最近工作很多吗，完成得怎么样了？"她回答说："马马虎虎，周末前能完成吧。"

"你没想过更好更快地完成工作，然后获得上级嘉许吗？"我问道。

"我没想过这一点，一般般就好了，我觉得没必要表现得那么优秀。"

············

我另一个发小也是个行动"迟缓"的职员。他是一名程序员，在 IT 部门工作，也是个几乎快被大家遗忘的人。

从学生时代开始，我这个发小就是个成绩不好也不坏的学生，按部就班地上大学，按部就班地上班工作。他最害怕的是得罪别人，所以他从来不去争第一。

他热爱篮球运动，也很擅长打篮球。一次，公司部门之间要组织一场篮球赛，大家知道他有这个爱好，便让他也报名，虽然他推脱了半天，但是盛情难却，便答应了。后来，他听说，他们部门主管也会参加，心想，万一主管所在的队输了，岂不是为自己树敌了。比赛这天早上，他因为这件事思索半天，最终还是找个借口称自己不能去了。后来，我问他为何不参加，他说："我不想得罪人，反正我也没想比谁优秀。"

在工作中，这个发小也是这样。每次上交工作任务，他总是比其他同事慢半拍，只要能拖的，他一定拖，所以，公司的嘉奖名单中从来没有他，在公司三年了，他一直未加薪，更别说升职了。我问他："你就没想过好好表现一下吗？"他的回答却是："我不需要那么优秀。"

从我这两个发小的身上，可以看出他们两个都是拖延症患者，他们拖延的原因都是因为他们不在意，不需要那么优秀，一个发小认为"一般就好"，另一个发小则不希望"枪打出头鸟""不想得罪人"。无论他们的出发点如何，我们都能看出他们的消极心态。

如果你也是这样的人，不妨问一下自己，你真的不在乎吗？还是因为已经习惯了拖延而不在意结果呢？或许真正的原因在后者。这种消极的心态一旦占据我们的内心，就不仅仅是产生工作拖延这一个问题了，我们还会变得行动迟缓、精力不足、缺乏动力、食欲不振甚至可能情绪忧郁，严重的还会产生心理疾病。反过来，如果努力破除拖延的习惯，凡事立即行动，则会改变我们的生活和工作状态，让我们周身充满活力。

当然，一些人可能会认为，"枪打出头鸟"，那些在职场上太进取的人，通常会成为别人嫉恨和打击的对象，聪明的处事方式是比别人慢一点，这也是保护自我的方式。的确，职场切忌锋芒太露，但这并不是鼓励我们做事拖延的借口。毕竟，"做事"与"做人"不同，领导和上级固然欣赏那些会为人处世者，但他们也不希望员工行为拖沓、耽误工作。所以，真正聪明的职场人总是奉行低调做人、高调做事的行为准则，他们从不放弃的一点便是努力学习、充实自我。

我认识一个女孩，叫韩蕾蕾。她是北京一家软件公司的职员，和销售部其他女职员不一样，她从来不和那些女孩子一起叽叽喳喳，也不经常和她们一起逛街、买衣服，闲暇时间，她会买一些书来看。在进公司的两年时间里，她除了掌握销售本领外，还对软件技术方面有了一定的了解。渐渐地，技术部门的一些工作她也能胜任了，这让公司的其他同事对她刮目相看。

老总迈克把这一切看在眼里，本着培养人才的态度，他将选派出色员工前往德国总部学习 4 个月的机会给了韩蕾蕾。这个决定一出，公司里的"白骨精"们全都忌妒得红了眼。大家都知道：此前半个月，销售部经理已经移民海外，此次学习经历，无疑会为争夺销售部经理这个"肥缺"增添一枚重要的砝码。对此，韩蕾蕾当然也心知肚明。面对公司销售部很多老员工的怨声，迈克开了一个会，会上他是这么说的："软件技术，无论是技术还是销售，都要不断地进步，没有进步，就没有市场，在韩蕾蕾进公司的这段时间，她的进步是大家有目共睹的，我之所以把这个机会给韩蕾蕾，是想告诉大家，在公司，都是用实力说话的。"听完迈克的话，那些员工不再说话了。

韩蕾蕾之所以能"鲤鱼跳龙门"，被上司直接提拔，并不是因为她能言善辩，会拍上司马屁，而是她能不断地学习、充实自己。毕竟，现代企业，最排斥的就是工作效率低下的人。

总之，很多拖延者"我不需要那么优秀"的心理只是一种自我安慰，或是为了不想让自己那么辛苦而找的借口。正是这种消极心理，导致了他们行为的拖延。我们在学习和工作的过程中，有必要杜绝这一心理，努力调整自我。

>> > 有一种拖延症，来自对成功的恐惧

有些人因为害怕失败迟迟不采取行动，这情有可原，但心理学专家在分析拖延的心理因素时称，有些人会因为害怕成功而拖延，也许你会认为，这太荒谬了，简直是在开玩笑。事实上，这种情形确实存在。很多人在潜意识中，的确对成

功有着恐惧心理，也正是因为这种恐惧的存在，让他们不敢行动，最终与成功擦肩而过。只不过，人们对成功产生恐惧的理由因人而异。

　　我有个大学同学叫王灿灿，她毕业以后就进入了一家策划公司工作，一待就是八年，可以说是一名资深员工。她能力出众、待人温和，几乎所有的同事和领导都喜欢她。在最近的人事变动中，领导决定让她担任策划总监，从一名策划员升到策划总监，确实是值得庆贺的事情。一个周末，我请她到家里吃饭，为她庆祝。

　　"恭喜你啊，王总监。"我故意调侃她道。

　　"有什么可开心的，愁死我了。"王灿灿叹了口气。

　　"升职了，应该高兴呀，别人盼还盼不来呢，有什么可愁的？"我很纳闷儿。

　　"说实话，我根本就不想升职，不想加薪，就现在这样当个策划，我都觉得压力大，有做不完的事情，要是再当个总监，我还要做更多的事，承受更大的压力，我恐怕连一点自己的时间都没了。再说，万一做不好呢，原本公司就有个跟我实力相当的人一直觊觎这个职位，我应付不来这个工作的话，他们更有理由找碴儿了。另外，我本来就是个不喜欢与人争抢的人，我也应付不了每天对下属指点来指点去的工作，一旦成了总监，我想大概每天都有人在议论我，就连我穿了什么衣服、剪了什么发型，估计都会成为大家的谈资，被人始终盯着的滋味实在不好受。"

听完王灿灿的话，我点了点头，确实是这么个道理，然后我接着问："那你准备怎么做？任职命令可是已经下达了呀？"

"能怎么办？躲着呗！能拖就拖，接下来几天我都不会来公司，请几天假，就说自己不舒服，公司这几天正是缺人手的时候，我关键时刻掉链子，高层肯定觉得我不能担当大任，自然会找人代替我。"

王灿灿的一番话让我沉思了半天，的确，大多数人只是看到别人身前的荣耀，却没有看到他们身后的牺牲和压力。不过，因为害怕成功所以讨厌升职，真的正确吗？当然不正确！一个人对自己缺乏自信、害怕成功，只会导致他们停滞不前，只会把自己禁锢在牢笼中。很多时候，你所恐惧的成功后的事情并不一定会发生，即便发生，也远没有你想象的可怕。

现在，你不妨将你在成功后的好处和坏处列出来，你就会发现，你的担心简直是杞人忧天。

身处职场，我们发现有这样的两种人，一种人总是抱怨自己怀才不遇，一遇到可以表现自己的机会，就急不可耐地站出来，却给领导一个爱表现的坏印象；还有一种人，能力突出却害怕成功，即便机遇已经摆在面前，依然选择拖延和逃避，他们宁愿每天得过且过、混日子，不但迷失了个人奋斗的目标，对公司也产生了负面的影响，因为他们总是不断被周围的新人赶上甚至超越。很明显，这两种人的工作态度都是不对的。那么，我们该怎样做呢？

无论是身处职场还是做其他事，任何时候，都不能停止进步。随着知识、技能更新的速度越来越快，不断学习、不断积累知识已经成为人们保鲜的一个重要方法，能否适应激烈的竞争环境并不断完善自己已经成为一个人能否担当大任的重要考核因素。我们只有努力充实自己、敢于向成功挑战，才会真正进步。

我在一本杂志上看到过一个故事。

小周是某大型企业的一名员工。高考失利后，他失去了继续读大学的机会，18岁的他就进了现在的这家企业。因为学历的原因，他只能从事最简单的产品装配工作，但他不甘心。利用业余时间，他自学了很多与该产品有关的知识，并自考了一些其他课程。

转眼，小周已经工作五年了。这家企业每五年会举办一个大型的青年知识大奖赛，参加比赛的人多是一些高学历的人，但小周还是报名了。他的参赛作品是关于公司生产部门的机器流程改造图。公司高层一见到这幅图，就惊呆了，一个生产流水线上的工人怎么可能会设计出如此让人惊叹的图呢？于是，他们找来小周，就图纸进行了一番讨论，他的解释说明，让在座的领导瞠目结舌。"我们看你的简历，只不过是高中毕业啊，怎么会……"

"是这样的……"

听完小周的叙述，众领导一致表示："单位的员工要是都有你这样的学习精神，该有多好。"

很快，小周就收到通知，他被提升为技术主管，负责他所提出的这一项目的改造工程。

这则职场故事，让我们见证了一个普通员工的升迁过程。员工小周之所以被领导赏识，从众人中脱颖而出，在于他不断学习、不断完善自己的知识结构，充实了原本知识不足的自己。

总之，我们应该相信自己有处理各种难题的能力，我们也应该相信自己最终能取得成功。现在，就勇敢地迈出第一步吧。

>> › 拣轻怕重，你永远无法成长

拖延懒惰的表现形式之一就是拣轻怕重。这种因为懒惰而避重就轻的投机取巧行为，并不能让我们得到真正的历练，反而会让我们难以有一番真正的作为，对我们的成长不利。

有些人在工作中回避重的责任，只拣轻的来承担，这对自己今后的发展没有多大好处。在工作中，凡是重活累活当然需要在体力和脑力上付出更多的代价，拣轻怕重的人在面对一项任务时，还没开始就觉得自己无法胜任，或者已经有了躲避的想法，常常会想出各种理由来为自己推脱："这事我恐怕做不好，还是让别人去做吧。"他们这样做，一方面是打着自己的小算盘，认为付出多得到少不划算；另一方面因为他们不敢尝试，不想做难度太大的工作，结果变成了什么都不想做的懒虫。

在工作中，拣轻怕重最明显的表现就是喜欢耍小聪明，任意挑选工作，上班不出力、在岗不办事、重担不去挑。对

上级交给的任务，合口味的就执行，不合口味的就推诿扯皮、拖着不办；有的甚至讲条件、提要求、要好处等。

拈轻怕重的人缺少一种吃苦精神，他们这样做的目的无非是为了让自己在工作中少吃苦，付出最少的代价，得到最丰厚的报酬。殊不知，如果总是挑肥拣瘦，嫌弃工作不体面等，就不会得到全面的历练，自己的能力也无法提高。

事实上，这些人并非不具备完成艰难工作的能力，只是因为他们太懒惰，过于精明，从不愿担当走向了不敢担当，结果大事做不来、小事不愿做，最终什么也得不到。

其实，每个岗位都能锻炼人，越是最基层的地方，接触的事情越多，所获得的经验就越丰富，自己的才智和能力也提高得越快，进步也越大。从现实生活来看，大凡在单位里受到领导重视、得到同事尊重、在事业上有大发展的，莫不是那些敢于担当重任的实干苦干者。

小敏高考落榜之后，就跟随同村的小姐妹去了广州的一家服装厂打工。每天机械式的流水工作让小敏看不到未来。当看到设计师到车间里查看工作情况时，小敏羡慕不已：假如我也能成为一名设计师，就能够彻底改变现在的命运。而且还比设计师多了一线工人的经验，如果我学会设计，一定会成为更出色的设计师。她把想当设计师的想法告诉了同事，同事都嘲笑她痴心妄想。但小敏还是决定试一试。

她先是临摹设计师废弃的图纸，随后再加入自己的一些设计小细节。刚开始，由于没有美术功底，小敏的设计图难看极了。后来，小敏不断地勤学苦练，每到周六、日，她还会到那些高档商场里看时装，因而越来越有灵感，绘画的本领也渐渐提高。对此，很多小姐妹都劝说小敏不要不切实际，她们已经认定自己一生都会是一个缝纫工人了。然而，小敏对此不以为然。每当工作有闲暇，她还会主动去设计师的办公室，为设计师们打水、扫地、清理垃圾，做各种各样的杂活。就这样，小敏得到了很多设计师的喜爱和欢迎，他们也很愿意尽举手之劳，为小敏指点作品。一年多之后，一位设计师告诉小敏有个业余服装设计大赛，小敏马上找出自己最得意的作品参加。结果，她居然得了一等奖，很多服装公司都闻讯赶来收购她的创意，小敏把图纸奉献给自己所在的服装厂。不久之后，她不但得到了一大笔奖金，而且还被调到设计部担任设计师！

小敏实现了自己的目标，这一切都是因为她总是竭尽所能地像一个设计师那样去观察、去实践，并为之努力拼搏。

　　小敏从业余设计师到职业设计师，经历了漫长的过程。这中间，她必然遇到过很多难题，但她从未放弃过。

　　成功需要历练，我们需要做个全方位的人才。要想让自己的人生取得辉煌的成就，就需要有意识地克服拈轻怕重的思想，树立迎难而上、勇于攻坚的精神，要敢于担当重任，培养不怕苦、不怕累的毅力，改变自己惰性十足的心理状态。

>> 〉 摆脱安逸思维，主动走出舒适区

　　人都是有惰性的，你也许会想：做完这件事，还有另外一件事，什么时候才能做完？很可能你现在所处的环境很安逸、很舒适，让你产生懒惰的想法也是正常的。但是，我们需要做的却是摆脱这种安逸的环境，摒弃眼前的这种现状。

　　我妹妹小玲一直被亲友同事称为"拖拉大神"，因为她做事实在太能拖了。周三，小玲原本和妈妈说好了回家吃饭，却赖在办公室上网，直到晚上7点多，实在是不想动了，就放了妈妈的"鸽子"。

　　周日晚上，小玲发现本该在周五写的计划书还没有写，而这个计划书下周一上班时必须提交。她纠结了半天，终于

坐到了电脑前，一打开电脑她就忍不住上网，一会儿刷微博，一会儿聊 QQ，不知不觉到了零点，不得不打着哈欠熬夜到凌晨 3 点才弄完。

小玲爱漂亮，希望自己能有好身材，也知道运动对自己减肥有好处。然而，她的拖延症让她很难自觉地去做运动。她找到我让我来督促她减肥，不过我的监督对她的拖延起不了一点作用。她总会找各种借口和理由来逃避，继续拖延。

为什么拖延症患者不主动去做一些对自己有益的事情呢？因为每个人都愿意处在一个安逸的状态里，不愿意去改变，即使自己知道现在的选择不是最好的。

这是我们在生活中经常见到的，并不难验证。回忆一下，当你意识到该去做某件事的时候，你有了拖延的想法。而当你拖延时，你一般都在做什么呢？答案是，你一屁股坐在沙发上一动不动。

为什么你迟迟不能踏出第一步？这是你强烈地维持现状的心理在作怪。你不想从现在惬意的状态里走出来。举个经常发生在拖延症患者身上的例子。你现在正坐在沙发上看电视剧，但你有一项明天必须交的策划文案，需要你到办公桌前开始工作，可你就是不想起身。为什么呢？

原因就是，你完全沉浸在安逸的"惬意"中了。现在这么舒服，为什么要去做那些痛苦的事情呢？你的潜意识里越是这么想，你越是懒得动。这时，我们应该怎么做呢？让你直接从电视机前站起来去工作，你肯定不愿意，甚至会有逆反心理。如果是这样，你应该试着"扔掉舒适度"。

我们知道，做到从"关掉电视"，到"开始投入工作"这两个动作，需要很大的心理跨度，对拖延症患者来说这是难以做到的。这时应该先关掉电视机，不去想你接下来要做什么，脑海中也别有"要工作了，关掉电视机吧"这样的想法，更不要有马上要做痛苦的事情这种念头。如果被这种消极思维占据，你就怎么也不想动了。现在，把你的思维都集中在"关掉电视机"这个动作上，把其他的想法都抛掉。关掉电视机，从舒适、快乐的状态中摆脱出来，离开椅子，把自己置于一个中立的位置，你才能做接下来的事情。当然，接下来绝对不应该是"打开电视机"。

大多数人会沉溺于"现状"，而逃避"现状之外"的事情，因而不可能去改变，所以应该在维持现状的状态下循序渐进地改变。这是因为很多人做事都是凭着冲动，希望一鼓作气完成它。但在现实生活中有些事情仅凭一鼓作气并不能很好地完成，尤其是一些需要日积月累的事情。有些人在失败之后，会更加依赖现状，好比减肥失败后大吃特吃一样。

想要做出一些改变是可以的，但要讲究方法。你讨厌外出跑步，可以先尝试离开椅子，去外面走走。当去外面走走成为习惯，并且开始慢慢接受跑步这个观念后，就能一点点改变现在的生活或工作方式。

有人说"江山易改，本性难移"，说自己没有办法改掉这种习惯是正常的。但是，我们都忽略了拖延和懒惰并不是先天的。这就像自己收藏的古董在市场上终于有了一个买主，对方每次来买的时候你都不想卖，总想着这东西存放的时间越长越值钱，而且买主每次来的时候都会加价。突然有一天市场上这样的古董价格下跌了，你就会后悔自己如果早把这件古董卖了，现在也就不会这么亏了。

人都有贪图安逸的思想，这也是拖延的根源之一，要想提高执行力，就要学会从安逸的现状中解脱出来，进入"勤于执行"的工作模式，才能摆脱拖延症。

>> > 敢于啃硬骨头，彻底铲除心底的惰性

懒惰和拈轻怕重的人大多不敢担负重任，他们不愿承担风险，遇到困难首先想到的就是躲避、逃避。这样既不会显

示自己无能，也不用承担"砸锅"的责任。在这种懒惰思想的支配下，他们在工作上得过且过，没有进步，也不会完成人生的跨越和提升。

与不求进取、安于现状、拈轻怕重等懒惰者相比，成功者往往不喜欢安稳平庸的生活，他们喜欢接受挑战，有胆量去尝试一些困难的、冒险的，却有价值、有意义的事情。因为他们知道，当困难克服了，险境过去了，他们就会品尝到一些人生的真味，而他们最大的收获往往是成功的快乐。

张伟是一家器械销售公司的经理。有一天，他得到了一条内部消息：高层决定让他去广州处理一起难缠的业务。他知道这项业务有多困难，失败的概率远远大于成功的概率。第二天，他请假在家，思考这件事应该如何应对。但恰好这天公司把这项任务安排给了他，因为他请假，直接交代给了他的助理小梅，让小梅转达给他。

小梅给张伟打电话说："张经理，上面的任务安排下来了，您看我们什么时候启程去广州？"

张伟说："小梅啊，我最近肠胃炎犯了，医生说要在家静养，不能长途劳累，这趟出差，你就全权代理吧，我把注意事项交代给你。"

一个月后，业务处理得果然不顺利，张伟怕公司高层追究自己的责任，就对总裁说："我上个月生病了，在家静养，一切都是我的助手小梅处理的，我不太清楚细节。"他想，小梅是总裁安排到自己身边的人，出了事，让她顶着，在公司高层面前还有一个回旋的余地。若是自己承担后果，免不了被降薪降职。但世上没有不透风的墙，他的小心思和计谋最终还是传到了总裁耳里。而总裁对于这种不敢于啃硬骨头、没有担当的经理，只会毫不犹豫地辞退。

在生活中，很多懒惰者也是懦弱者，他们没有信心，怀疑自己是否有能力完成如此重要的任务，所以在责任面前一味退缩，在面对该承担的责任时往往会选择逃避。相反，那些勤奋的人则会开动脑筋，千方百计想尽办法克服困难。因此，面对工作中的重任和困难，他们不会避重就轻，而是当仁不让，承担任务，专门"挑大梁"。

李明明在一家建筑公司任设计师，由于她是公司里唯一的女设计师，所以工作压力非常大。她常常要跑工地、看现场，为不同的客户修改工程细节，工作异常辛苦。即便如此，她也从没有抱怨过，也从不因为自己的女性身份而推脱、逃避强体力的工作。像实地考察、野外勘测等对男同事来说都是十分辛苦的工作，她从来二话不说，都会积极去做。

一次，公司为一个客户安排设计方案，因为只有三天，时间太短了，大家都不愿接受这项工作。最后老板权衡再三，决定把这项任务交给李明明去做。虽然觉得有些难度，但她还是爽快地接受了，并马上赶往现场查看。那三天里，她食不知味、寝不安席，满脑子都是方案和设计图，终于如期上交了一份完美的设计方案。

李明明这次的表现得到了老板的大力赞赏，她很快就获得了加薪和升职，更一跃成为设计部的骨干。

如果我们能像李明明一样，积极落实上级派遣的任务，并主动承担责任，不仅可以很好地维护公司的利益，还能让自己的能力和素质得到大幅度提升。最重要的是，能够有效体现出我们对工作认真负责的敬业精神，当老板把这一切都看在眼里、记在心上时，我们的晋升之路就会更为顺畅。

有些员工害怕自己做错事，更害怕承担责任。所以在事情做不好、任务完不成的时候，总会找借口。他们宁愿花费时间和精力去找借口来逃避责任，也不愿花费同样的时间和精力去完成工作。这样的人在工作中，大多遇攻则降，一败就涂地，自然毫无建树。

与拈轻怕重相比，敢于啃硬骨头就是勇于担当重任的表现，这种精神值得称赞。当然，这种担当不是仅凭勇气，而是以勤奋努力为依托的。只要勤于动脑，任何困难都可以战胜。对于每一个渴望成功的人来说，要想彻底铲除隐藏在心底的惰性，就要通过努力、实践来强化自己的能力，这样，成功离我们就不再遥远了。

ADVERSITY

QUOTIENT

第八章
逆商高的人同样需要高度自律

如 何 成 为 一 个 逆 商 高 的 人

>> 〉 决定你人生高度的，是你给自己定的目标高度

在这个世界上，每个人的活法都不一样。差别就在于每个人的生活舒适区不一样，有的人喜欢粗茶淡饭的生活，有的人喜欢奢华享乐的生活……无论你喜欢过什么样的生活，都要与自己的实力、能力相符，这样才会有幸福感。

我的闺蜜晓露，月薪虽然六千，工作五年后，却存下了十万元。

她并不是节衣缩食，相反她把生活过得很有质量。

她经常自己动手制作各种小饰品，拿到网上去卖，每年赚的钱不容小觑。

平时，她还喜欢自己做饭，每天早上起床做好午餐。

她还把旧衣服改一改款式，买一些颜料涂一下，就变成了时尚的衣服。

业余时间她喜欢读书、旅行、写作等。

她说："我的生活目标就是少花点钱，多花点心思，过精致的生活。争取在未来几年内，把自己的经历写成一本书。"

一年前，晓露把自己多年来写的一些生活感悟，整理后投给一些文学网站，换来了一些稿费。

现在她又有了新的目标，争取五年内，出一本自己的散文集，不为了赚钱，只为了纪念过往岁月里坚强的自己！

我相信只要晓露不改初心，她很快会实现目标的。

有人说过，你拥有什么样的目标，就拥有什么样的人生。所以，你今天站在哪个位置并不重要，你下一步迈向哪里才是关键。决定你迈向哪里的，就是你所定目标的高度。

在人生的道路上找准目标、确定人生方向，是每个人走向成功必须做的事。所谓目标，它可以是你这一阶段的努力方向，也可以是你整个职业规划的最终目的。只要有了明确的目标，知道自己想要的是什么，你的前景就会一片光明。

很多人期待走上社会的大舞台，并成长为影响一方的主角。但大多数人最后只能庸庸碌碌过一生，为什么？就是因为他们没有长远的目标，整日浑浑噩噩，不知道努力是为了什么。长此以往，不只丧失了前进的动力，人也会变得一蹶不振。

我在很早以前认识了出版社的一位编辑，姓魏。这位魏编辑当时大学刚毕业，正好负责审核我的稿子，我们很快就熟悉起来。我了解到，魏编辑上学时成绩优秀，一直是老师、家长眼中考名牌大学的好苗子。他18岁那年如愿考上了北京的一所大学，毕业后顺利到北京的一家出版社应聘成了编辑，但是工作后的魏编辑并没有像大家所想的那样顺风顺水。原来因为家人、老师的期盼，读好大学、找好工作一直是魏编辑前进的目标，可是参加工作后，魏编辑忽然失去了努力的方向，工作也一直不温不火的，很快便失去了动力，每天变得浑浑噩噩，出版社里的老编辑见他没什么上进心也是颇有微词，经常在领导面前批评他。魏编辑觉得压力巨大，没多久就辞职了。

辞职后的魏编辑看见昔日的许多同窗因为做销售，现在混得还不错，便找了一份销售的工作，做了不到两个月，他觉得没什么意思，再一次辞职了。

就这样，浑浑噩噩、没有目的的魏编辑，在毕业了很多年以后，依然混迹于普通公司的底层职位。

在我们的一生中，除了年幼无知的童年时期外，其他每个不同的成长发展阶段都与立志有很大的关系。上学的时候，魏编辑因为有父母的期待，所以上大学是目标，可是完成这些之后，他立刻就没动力了。其实很多年轻人都能从魏编辑的身上找到自己的影子，毕业之后，脱离学校与家长，自由了，也没有目标了。

大多数人觉得人生很迷茫，找不到方向，归根结底是由于没有远大的志向和可以为之奋斗的目标。没有目标，就没有前进的方向，生活也会过得像一杯凉白开；没有远大的志向，人就会变得慵懒，没有动力，只能听天由命，茫然叹息。不想让机会就这样溜走，不想让青春就这样逝去，只有靠志向和理想冲出迷茫的旋涡，崭新的人生之页从此刻将会为你掀开。

目标有大有小，建议大家在确定目标时先确定一个大目标，比如职业理想、人生规划，然后将大目标细化，分成阶段性目标。这样就不会因为目标太渺茫而生放弃之心，而且一步一步朝着目标不断靠近，人也会充满成就感。

≫ 〉逆商高的人同样需要自律

知乎上有这样一个问题：你最深刻的错误认识是什么？点赞最高的答案是："以为自由就是想做什么就做什么，后来才发现自律者才会有自由。"

在生活中，我们常常看到有些成年人只知道吃喝玩乐，每天日子过得重复而枯燥。这些人的口头禅是："这日子过得真没劲。"他们的日子为什么过得没劲？是因为他们生活在舒适区，对自己不够狠，因此看不到未来。更确切地说，是他们不自律。

比如有不少人 40 岁出头就因熬夜、陪客户、喝酒、睡懒觉，而突发脑梗，度过危险期后必须每天大把大把吃药，一点自由都没有了。在这里，自制力意味着健康。

社会学家托马斯用 5 年时间研究 170 个富有人士的生活，发现 76% 的富人每天坚持有氧运动 30 分钟以上，因此他创造出"富有的习惯"原则。

放纵自己的欲望是最大的祸害，正如康德所说："假如我们像动物一样，听从欲望、逃避痛苦，我们并不是真的自由，而是在服从，唯有自律，自律使我们与众不同。"

我大学时的一个同学，从大一开始就练习瑜伽，到现在已经坚持 12 年了。

在这 12 年的 4000 多天中，她没有一天间断过：每天早上 5 点钟，她不用闹钟，就习惯性地起床，练 40 分钟瑜伽，随后吃早餐，然后神采奕奕地去上班。

12 年坚持的结果是，她几乎没生过病，就连偶尔的感冒，也是用喝水和运动治愈的。

走在人群里，她的气质显得那么出众。每次她们公司来了新员工，都误以为她是刚毕业的大学生。

许多人惊叹于她年轻美丽的同时，纷纷向她讨要保持青春的秘方。当听到她说每天 5 点钟起床时，他们就会频频摇头，纷纷表示做不到。

富兰克林说："我从未见过一个早起、勤奋、谨慎、诚实的人抱怨过命运不好。良好的品格，优良的习惯，坚强的意志，是不会被假设所谓的命运击败的。"

自媒体时代的写作大咖，为什么能够好评如潮，阅读量高得惊人呢？

那些能用英文写新闻稿，随时随地展示出超一流口语的人，为什么能够引人艳羡，圈粉无数呢？

答案可以有很多，也可以很少，用最简短的一句话来概括，就是自律改变了一切。

康德说："所谓自由，不是随心所欲，而是自我主宰。"这种"主宰"是对一切都拥有自主决定权。换句话说，自律不是束缚，它换来的是更多的自由。当你开始秉持自律的态度对待生活时，你就已经成了生活的主人。

我始终坚信，优秀的人之所以优秀，是因为能坚持严于律己。而那些回报和认可，往往是一个人长期以来严于律己的结果。

一旦养成了自律的习惯，每个人都会是人生的主宰者。这是真理，永远不会改变。

>> 〉 确立一个靠谱的梦想，拼尽全力实现它

伟大的天才科学家霍金曾经说过："如果一个人没有梦想，无异于死掉。"霍金的说法可以说是对梦想的极致阐述。

诚然，梦想是我们前进的动力、力量的源泉以及生活的希望。只有有了梦想的存在，我们的生活才不会觉得平淡，内心才不会觉得空虚，奋斗起来才不会盲目。梦想源自我们内心的渴望，源自我们内心对某件事物或状态的追求与憧憬。在我们决定要为梦想踏上征程的时候，就注定了这一路的风雨兼程。

诚然，在这个过程当中，我们会经历坎坷，会走入困境，会在种种磨砺之后发现：梦想总是扎根于现实的耕耘。我们的努力可以让梦想触碰到现实，也会让你发现一切和想象中的差距甚远。但是，请你相信，只要我们不改初心，一步一个脚印，勇敢地坚持走下去，那么梦想和现实总会有接轨并落地的那一天。

上小学一年级的时候，我记得老师问我们每个人的第一个问题就是："你的梦想是什么？"那时的我们尚未懂得梦想的具体含义，却也能人云亦云地说出各种千奇百怪的梦想。实则，在这个世界上，我们每个人都有属于自己的梦想。而能否实现这样的梦想，关键在于你如何去想、如何去做。人生的成败往往也就在一念之间，穷富的差距往往就在于思想的不同。

不可否认的是，通常，有什么样的想法就会有什么样的未来，有什么样的想法就会有什么样的生活。这恰恰说明意识对物质能够产生巨大的反作用。某种意义上，个人的梦想可以看成我们对自我的最高定位与要求，是自我对未来的期许和展望。有梦想的人通常敢于对自己提出更高的要求，做出更高的定位。而没有梦想的人，不能说他绝对是一无是处，但是至少说明，没有梦想的人，他的定位是不清晰的，未来是晦暗不明的。就像美国作家休斯曾经说过："要抓牢梦想，因为你的梦想一旦消失，人生就像是断了翅膀的鸟儿，再也不能飞翔。"

印象中有这样一位大学同学，或许因为出生在偏远的山区，或许因为初入大学对大城市的畏惧，或许因为从小所处的家庭环境的原因，这位同学是我见过所有同学当中普通话说得最差的一个。每次跟她说话的时候，我们都会开玩笑地喊她"小饶舌"。"小饶舌"的普通话带着浓厚的地方方言的味道，经常是平翘舌、前后鼻音不分。但这丝毫不影响她对于自我的表达和对学习的热情。

大二的时候，为了考取更多的证书挣得更多的学分，我们都在犹豫是否考国家级的普通话证书。犹豫是因为大家自认为自己的普通话与标准的普通话之间还有着很大的差距，所以不想贸然报名。但当"小饶舌"告诉我们她要考取普通话证书，因为她的梦想是有朝一日成为播音主持的时候，所有人似乎都被她的精神激励了，果断地报名了普通话证书的考试。

令所有人都没有想到的是，最终的考试结果，"小饶舌"的分数最高，获得了二级甲等的成绩，而我们大多数都是二级乙等。这时，大家才发现，不知不觉间，"小饶舌"的普通话已经说得相当好了。没有人问过她在平时默默下了多少功夫，只知道，渐渐地，再也没有人叫过她"小饶舌"了。

梦想是对现实的突破。有了梦想的存在，我们的生命才拥有更多的意义，生活才会更加多彩。可以说，人类所具有的种种力量之中，最神奇的莫过于心怀梦想的能力。有伟大梦想的人，即便前方布满了带刺的荆棘，也不能阻挡他前进的脚步。要把梦想变成现实，请你记住，只能依靠我们自己的努力。只有付出不懈的努力，才会实现属于我们自己的梦想。

拥有梦想每个人都能够轻松做到，而更为重要的是我们要学会激励自己去实现梦想。当你拥有梦想的时候，它就会像一枚指南针，指引着你走上光明的道路。就像美国总统杰斐逊曾经说过的："当你有了一个伟大主意的时候，就去做吧。"拥有梦想的时候，选择付诸行动，成功的希望就至少有 50%。如果你的好主意和奇妙构想只停留在嘴上，成功的机会就只能是零。当你心怀梦想的时候，就果断朝着梦想努力吧，快速而符合方向的行动永远都是正确的。抓牢属于你的梦想，为你的人生插上理想的翅膀。

>> > 最想要去的地方，怎么能在半路返航

歌手苏见信唱过一首叫《如果还有明天》的歌，歌里有这样的句子：如果还有明天，你想怎样装扮你的脸……如果你看出我的迟疑，是不是你也想要问我，究竟还有多少事没做？

想一想，人生有多少个明天？有多少事情，你没有完成？懂得珍惜今天的人，明天才会有美好的未来。一个人的心有多大，世界就有多大。能走多远，便能看到多美的风景。

人生犹如登山，一路上你会欣赏沿途的风景；你会在攀爬的途中，体会愉悦，体会疲惫，你甚至有可能因为感到劳累，才走到半山腰，就放弃继续前行。如果你能勇敢一点，一步一个脚印，坚持爬到山顶。一番跋涉后，你会有"会当凌绝顶，

一览众山小"的感悟。一个人能看到多美的风景，决定权在自己。我们羡慕别人的优秀，觉得他们身上充满了闪光点，自己无论如何努力，也不可能和他们比。所以，常常自怨自艾，得过且过，安慰自己平凡就好。

光阴一晃而过，从不肯为谁停留。在你能奋斗的时候，如果你选择了安逸，不肯为自己的梦想奋力一搏，那么，在某一个夜晚，当你看着镜中平庸的自己，你一定会后悔，后悔自己浪费了宝贵的光阴。你没能实现自己的梦想，过自己想要的人生，注定只能在现有的条件下生活。

董轩是我家邻居，年纪比我大几岁，在一家银行当保安。他说："小时候，我觉得我长大了一定会是一个了不起的人，像作家、画家那样是个让人羡慕的成功人士，可没想到生活给了我一记响亮的耳光……"

从小学到初中，董轩都是传说中的"别人家的孩子"。每次考试，他都是班上的第一名。他有画画和写作的特长，获得过无数次美术比赛大奖以及各类文学征文比赛大奖。

从高一开始，董轩突然放弃了学习。

他每天上课迟到、睡觉，考试成绩滑到了年级倒数。后来，他高考成绩不理想，只能进入一所专科院校就读。

一学期后，他和学校老师发生争执，离开了学校，成了大专肄业生，最后在银行当起了保安。

董轩每次和我喝酒就说："你们学历高，都是大学毕业，已经远远地把我甩到后面了。如果平时在街上看到你们，我都不好意思和你们打招呼了。"

在我们很多朋友的印象中，董轩学识渊博，连老师都说他的未来不可小看。如今的他，拿着2000多元的工资，和当初大家对他预想的状态相差甚远。

我曾试着劝他："你应该为自己努力一把。你以前成绩那么好，完全可以参加成人高考，考取本科文凭，有了本科文凭，再参加研究生考试，或者你可以尝试写小说，你文笔那么出色！"

董轩叹了口气说："唉，都这么大年纪了，再去读书，毕业就30多岁了。我现在饿不死，钱少就少花点，一生能平安度过，也挺好的，不敢奢求其他！"

"那你扪心自问，你真的甘心吗？"我问道。

"不甘心又能怎么样？日子还不是要过，我不想做梦了，人还是要踏实点，不要给自己找罪受。"

多次劝说无效，以后我也只好保持沉默。

有人说，普通人有两次改变命运的机会，一是高考，二是考研。如果这两次机会把握住了，人生有可能实现质的飞跃。

不过在当今社会，一个人要想有所作为，方法很多，并不是只有拿学历这条路，你可以创业，可以从事自媒体运营等工作。

三百六十行，行行出状元。只要你有一颗努力向上的心，无论你处于什么样的境地，你都有机会平步青云，有一番大作为。学历高低无所谓，最怕的是：你不思进取，选择了将就。你原本可以更好，为什么要在该奋斗的年纪选择将就？

19岁的李书福，没有高学历，然而他不甘愿过平庸的生活，在他内心深处，一直有造汽车的梦想，他想要创造出能让中国普通老百姓买得起的车。

为此，不懂技术，甚至不懂汽车的李书福跌跌撞撞，经历了常人无法想象的痛苦。他甚至被人嘲笑是"汽车疯子"。

然而，李书福并没有向困境妥协，他凭着自己的不懈努力，创办了吉利集团，缔造了一个草根创业的神话，成了一名成功的企业家。

如果你也有自己的梦想，为什么你就不敢试一试呢？

小时候，我们总说长大了，自己要成为什么样的人，过什么样的人生。

长大后，当我们知道了现实的残酷时，就甘愿放弃梦想，过着枯燥、平凡的生活。当有人问起我们当初的梦想时，我们会笑着回答："哈哈，那时年少轻狂，爱胡说八道。现在就别提了……"

范玮琪在《最初的梦想》里唱道：如果骄傲没被现实大海冷冷拍下，又怎会懂得要多努力，才走得到远方……最初的梦想紧握在手上，最想要去的地方，怎么能在半路就返航。

人生路上，只有辛苦跋涉，才有机会见到最美的风景。踮起脚尖，努力一下，就能触碰到幸福，为何不肯试试？人生没有什么不可能，请千万别自我放弃！

>> > 别人的成功不是那么容易复制的

想要有不同的经历与体验、不同的理想和追求，就要走不同的路，也就是说，走什么样的路就会成为什么样的人。同样的背景、学识、机会，别人能做成的事，你不一定行，别人能成功，你不一定行，甚至会败得很惨。

尤其是在熟人圈中，当别人取得成绩与成功时，我们会习惯性地质疑：他凭什么成功？然后替对方找一大堆理由，什么有关系啦、有背景啦、运气好啊……其实，我们忽略了，即使两个人外在条件完全相同，思维也是不同的。思维这个东西看不到，摸不着，有时还感觉不出来。但是，它会造成人与人之间的差异。

走别人走过的路，你未必能复制对方的成功，这是一个不争的事实。马云很成功，中国有成千上万的老板在学习他的经验与商业运作手法，但能达到像他那样高度的，别说凤毛麟角了，几乎没有。模式可以复制，方法可以复制，思维却没法复制。

即使通过复制模式，获得了一定意义上的成功，但当复制的人多了，大家都在一条路上挤着走，最终能脱颖而出的，一定是思维能力过人的人，而大多数人会因喘不过气而死在半路。反过来看，别人不曾发现，也未走过的路，即使路再窄，也容得下你一个人阔步前行。

花旗银行是最早提出把信用卡开户的邀请范围扩大到大学生群体的，但在当时，很多人认为这种想法大错特错。在他们看来，大学生没有工作，也没有收入来源，他们很可能没有办法按期还款。事实证明，花旗银行的这一决策获得了高回报，当大学生手头紧张时，家长一般会帮他们摆脱困境。后来，这些大学生当中的很多人成了花旗银行有价值的长期客户。

与其为了避免犯错误，亦步亦趋地跟在别人后面，还不如走自己的路。只要具备一定的成长型思维能力，发现没有人走过的路其实并不难。

有一位农民，无论种植什么，他的作物永远都是供不应求，总能卖个好价钱。有人问他有什么诀窍，他是如何判断下一年某种农作物的供求状况的。他笑笑说："我没有大学问，也不会做啥预测，我就是比别人晚种些天，出去跑跑，看看周围村镇的人都种啥。种的量大的我就不种了，不管人们说前景多好也不种，虽然量高，但是卖不出去。我种人们不种的。"

农民种地，既要靠天吃饭，也要看市场脸色，最害怕辛苦一年，最后要么没产量，要么滞销，价格一路走低，不赚钱不说，还要赔钱。但故事中的这位农民虽然没学历，不懂营销，却避免了这种损失。这是因为他善于反向思维：大家一窝蜂地种某种作物，最后价格肯定高不了，物以稀为贵，只种少的作物，最后才有更大的叫价的自主权。很多农民的思维是今年玉米赚钱，就都种玉米，结果产量高了，价格下来了；第二年改种其他的，却发现玉米价格又变高了。

下面是一个广为流传的关于犹太人的故事。

有一个人在某个地方开了一家餐厅，赚了些钱，另一个犹太人看到了，就在附近开了一个超市，而另外一个人就开了一个洗车店……不久之后，这个地方就变得繁华起来。

大多数人的思路恰恰相反，如果一个人在某个地方开了一家餐厅，而且赚钱了，那么过不了多久，就会有人开第二家，第三家……随着竞争越来越大，最后大家都没有钱赚。相比之下，犹太人的聪明在于反向思维。

如果一个人停止了思考，或者只会简单地顺向思考，日渐一日，他的大脑就会变得迟钝，不会创造性地工作，直至失去进取心，这个时候，他就不再进步了，而开始大步地倒退。

即使面临错误、失败，也要敢于走别人不敢走的路。不管一个人的职业是什么，如果每年都能彻底反省一次，找出自己的缺点和阻碍自己进步的地方，那么他将会取得高于现在的成就。

>> ＞ 不逼自己一次，你永远不知道自己有多强大

人生总是会遇到一些苦涩与无奈，错过的事情再也无法回头。每当回忆的时候，你会发现，自己遗憾的从来只是那些从未努力去做过的事情，而绝不会是曾经勇敢尝试过的事情。纵使当时的勇敢尝试以失败而告终，人生不过是增添了一段光荣的经历与排除了一个新的选项而已。可能你会因为失败而懊恼一阵子，但绝不会因为未曾参与而遗憾一辈子。

拿破仑·希尔曾经说过这么一段名言："如果现在的你很贫穷，那么你应该静下心来思考这样几个问题——第一个问题，你为什么贫穷？第二个问题，你想脱离贫穷并且变得富有吗？第三个问题，你觉得自己应该怎样做才能让自己变得富有呢？"无疑，这三个问题归结到最终，最关键的就是解决第三个问题，而这也足以说明：人生中一切的问题都可以归结为如何行动的问题。

依稀记得上中学的时候，成为一名作家一直都是我的一个梦想。为此，我在学习之余每晚都熬夜创作。有一天，班主任陈老师将我叫到教师办公室，对我说道："学校成立了校园内刊，每个班都需要推荐一名同学当小记者，我们班级

我准备推荐你加入，你好好准备一下，你看可以吗？"年幼的我一听说要当记者，要去采访各个师生，还要定期将采访内容写成文章发表。若是写的文章没有被内刊录取，那多丢人。即便录取了，全校师生都会看到自己稚嫩的文笔，同样会害羞。与生俱来的羞怯与不安立刻浮上了心头，便猛地摇头向班主任做出了拒绝："这……陈老师，我不行的，我没做过小记者，不知道如何采访，而当小记者写出来的稿子也一定要有高水平、高质量，我虽然爱好写作，但是我的文笔还远远没有达到这么高的水平，陈老师，你还是另找班里那些文笔更好的同学吧。"

　　陈老师见我拒绝，便问道："你不是爱好写作并梦想成为一名作家吗？现在有这么好的机会，你为什么要推辞呢？"可惜年幼的我当时并不明白，"很多机会一旦失去了就再也没有了"这样深刻的道理，并且一直认为自己还很年轻，未来等到自己文笔水平更好些，我再参加这样的机会不是更好吗？我思考片刻，给了陈老师一个"冠冕堂皇"的理由："陈老师，我觉得这和我的梦想是两回事，我的确爱好写作并且梦想成为一名作家，但是我觉得自己目前的文笔水平还没达到能够代表整个班级的程度。班级里，很多同学的写作水平都比我高，相比之下，我觉得我自己没有资格成为'小记者'

中的一员，我觉得不能因为我自己的梦想而霸占其他同学也想要的这么好的一个机会。"

就这样，年幼的我拒绝了原本可以属于自己的美好机会。此后的每周一，看到其他同学在校园内刊中的文笔水平参差不齐的采访稿，都会为自己当初的拒绝而感到后悔。

很多时候，机会来临的时候，你硬着头皮上去做了也就做了，不管结果好坏，至少你不用因为从未去尝试而后悔。

生活中总会遇到很多"坐井观天"的人，他们拿着固定的工资，却总是不断地抱怨。抱怨自己工作辛苦、生活艰辛，抱怨上司的难以相处与别人的快速晋升，却唯独不反思一下自己是否足够勤劳，足够努力。而生活中的强者们却极少抱怨，并不是因为他们从未有过这些烦恼，只是因为时间宝贵。人生苦短，与其浪费时间抱怨，不如将有限的时间都用来努力奔跑。等你跑到足够远便会发现：生活中值得你去抱怨的人与事已变得越来越少。

人生不是动画片，我们也不是生活在可以肆意许愿的童话世界。每一个成就的达成不仅需要我们拥有智慧的头脑和勤劳的双手，更需要我们拥有不顾一切的坚定决心。而只有敢于尝试，才可能最终获得成功。如果只是因为胆怯而放不下自己的重重顾虑，永远将自己束缚在自我舒适的区域内，人生必定是无聊且寂寞的。唯有勇敢尝试一下，你才会发现：很多时候，你不逼自己一把，你都不知道自己的潜力有多强大。

或许你害怕失败，害怕原有的稳定生活状态被打破，害怕一切未知的变数与无法预知的风险，但是，这并不是你裹足不前的理由。勇敢地迈出尝试的第一步，你会发现，一切都没有想象中的那么可怕。即便真的失败了，大不了从头再来而已。既然人生已经糟糕到你想要去改变的时候，还有什么是你输不起的呢？

时间对每个人都是公平的。相同的一生，有人勇敢尝试，将生活过成了自己理想的模样；有人遇到一点挑战就停滞不前，只能原地踏步，被时代淘汰。这两种显而易见的走向与结局，你会怎么选择呢？不要总是感叹人生的不公平，将感叹与抱怨的时间用来改变自己多好。既然我们无法改变过去，改变现实，那么，又何必浪费更多的时间在这上面呢？所以，当你有想法的时候，当你想要改变命运的时候，当你想要重新书写人生的时候，勇敢地给自己一个尝试的机会，积极地面对任何可能存在的挑战。苦涩的人生总是需要付出辛劳和汗水的，既然已经付出了辛劳和汗水，不妨再给自己的人生加点码，再给自己的生活加把劲，勇敢尝试，给自己一个新的选项，成就更好的人生。